U0583309

投资者行为与资产组合

石 芸 著

科学出版社

北京

内 容 简 介

本书主要分析了由前景理论刻画的投资者行为特征对投资者投资组合决策的影响。第 1 章讨论了一般的多期行为投资组合模型，在标准投资组合模型中引入了前景理论中经典的 S 型价值函数。第 2 章分析了前景理论中损失厌恶和参考点动态调整这两个行为特征在资产配置中的综合效应。第 3 章考虑了在包含概率扭曲行为特征时社会互动和社会学习对投资者投资决策的影响。第 4 章总结了在投资组合研究框架下的投资者行为研究进展，并进一步勾勒了未来的研究方向。

本书可以作为开展行为投资组合研究的研究生的参考书，也可以作为行为投资组合研讨班的研讨教材。

图书在版编目(CIP)数据

投资者行为与资产组合/石芸著.—北京：科学出版社，2023.6
ISBN 978-7-03-075660-2

Ⅰ.①投… Ⅱ.①石… Ⅲ.①投资行为–研究②资产管理–研究
Ⅳ.①F830.59②F20

中国国家版本馆 CIP 数据核字(2023)第 098912 号

责任编辑：魏如萍／责任校对：贾娜娜
责任印制：赵 博／封面设计：有道设计

科学出版社 出版
北京东黄城根北街 16 号
邮政编码：100717
http://www.sciencep.com

中煤（北京）印务有限公司印刷
科学出版社发行 各地新华书店经销
*
2023 年 6 月第 一 版 开本：720×1000 1/16
2024 年 1 月第二次印刷 印张：9
字数：180 000

定价：108.00 元
(如有印装质量问题，我社负责调换)

前　言

投资组合管理是现代金融理论的核心问题。针对这一核心问题的相关研究正逐渐由传统金融研究范式转入行为金融研究范式。以有效市场和理性人假说为核心的传统金融学，通过设置理想的假设条件和推导简明的数学公式来简化复杂的投资决策过程，其简洁完美的模型和结论曾是资本市场运作的主导力量，但却难以解释现实金融市场的诸多异象。行为金融引入心理学、实验科学、社会学的研究成果，以人的有限理性和套利受限为前提建立投资者复杂行为模型，以解释现实金融市场的诸多异象，对传统金融理论体系已经形成巨大冲击和有效补充。行为金融学发展至今最有代表性的理论成果是 2003 年诺贝尔经济学奖得主卡内曼和特沃斯基的前景理论（prospect theory, PT）。前景理论替代传统期望效用理论（expected utility theory, EUT），引入认知心理学的发现来更真实地描述决策者在面对不确定情况下的真实决策行为。本书旨在将前景理论中蕴含的丰富心理学洞见转化为投资细节，以推动投资组合管理相关研究的进展。

本书第 1 章首先建立了一个一般的多期行为投资组合模型，在标准投资组合模型中引入了前景理论中经典的 S 型价值函数。S 型价值函数包含了前景理论中的损失厌恶、参考点、投资者在盈利区域为风险厌恶但是在损失区域为风险喜好这三个丰富的复杂行为特征。这些丰富的复杂行为特征的加入一方面提供了更为丰富和真实的框架来描述现实中的投资决策行为，另一方面也为模型的求解带来了困难和挑战。因此，在讨论了新模型的适定性问题后，完全求解了该多期投资模型，并得到了半显式解。根据新模型的特性，本书创新性地定义了一个新的状

态变量 (当前财富水平与参考点之间的偏差), 而不是采用原来的状态变量 (当前财富) 来求解多期模型。继而, 利用控制论相关理论证明了最优投资策略为分段线性反馈形式。换句话说, PT 投资者在获利的位置 (正的状态) 和在亏损的位置 (负的状态) 会持有不同的反馈策略。

　　第 2 章分析了前景理论中损失厌恶和参考点动态调整这两个行为特征在资产配置中的综合效应。首先通过将参考点与人们感知先前得失的方式联系起来, 来制定参考点的动态更新模型。然后, 为所提出的带参考点动态更新的投资组合选择模型推导了一个半解析解。基于模型预测的 U 型解特征研究发现, 非对称参考点更新导致投资者的非对称交易行为, 即处置效应。也就是说, 处置效应的根源在于投资者对损失和盈利的不对称适应。

　　本书的第 1 章和第 2 章都只考虑前景理论的三个元素: 参考点、损失厌恶和 S 型价值函数, 由于求解困难都忽略了概率扭曲行为特征。第 3 章将研究推进了一步, 在考虑了概率扭曲行为特征的情况下分析社会互动和社会学习对投资者行为的影响。建模方面, 第 3 章通过考虑投资者的参考点如何受邻居、同辈等的影响, 从而创新性地将社会影响和社会学习建模到一个标准的投资组合优化模型中。与此同时, 通过双代理博弈模型来分析不同类型投资者之间的社会互动, 以及如何进一步影响不同类型投资者各自的投资行为。首先, 考虑一个 PT 型投资者与一个 CRRA（constant relative risk averse, 常相对风险规避）型投资者之间如何博弈互动。研究发现, 当 PT 型投资者以 CRRA 型投资者的最优终端财富为参考点时, PT 型投资者总是能比普通 CRRA 型投资者做得更好。其次, 比较 PT 型投资者和 CRRA 型投资者的初始财富, PT 型投资者要么模仿 CRRA 型投资者的策略, 要么采取激进的赌博策略。最后, 还讨论了两个代理人都是 PT 型投资者的博弈模型, 并给出了一些情况下他们财富收敛的充分条件。

第 4 章总结了在投资组合研究框架下的投资者行为研究进展，并进一步勾勒了未来的研究方向。

由于作者水平有限，书中不妥之处在所难免，请读者批评指正。

目　　录

第 1 章　前景理论下的离散时间投资组合优化 ⋯⋯⋯⋯⋯ 1

1.1　背景介绍 ⋯⋯⋯⋯⋯⋯⋯⋯⋯⋯⋯⋯⋯⋯⋯⋯⋯⋯ 1

1.2　模型设定 ⋯⋯⋯⋯⋯⋯⋯⋯⋯⋯⋯⋯⋯⋯⋯⋯⋯⋯ 4

1.3　单个风险资产市场 ⋯⋯⋯⋯⋯⋯⋯⋯⋯⋯⋯⋯⋯⋯⋯ 7

1.4　服从椭圆分布的多个风险资产市场 ⋯⋯⋯⋯⋯⋯⋯ 16

1.5　数值分析 ⋯⋯⋯⋯⋯⋯⋯⋯⋯⋯⋯⋯⋯⋯⋯⋯⋯⋯ 26

1.6　结论 ⋯⋯⋯⋯⋯⋯⋯⋯⋯⋯⋯⋯⋯⋯⋯⋯⋯⋯⋯⋯ 31

1.7　附录 ⋯⋯⋯⋯⋯⋯⋯⋯⋯⋯⋯⋯⋯⋯⋯⋯⋯⋯⋯⋯ 31

　　1.7.1　命题 1.1 的证明 ⋯⋯⋯⋯⋯⋯⋯⋯⋯⋯⋯⋯⋯ 31

　　1.7.2　命题 1.4 证明中使用的引理 ⋯⋯⋯⋯⋯⋯⋯ 32

　　1.7.3　命题 1.4 的证明 ⋯⋯⋯⋯⋯⋯⋯⋯⋯⋯⋯⋯⋯ 34

　　1.7.4　定理 1.3 的证明 ⋯⋯⋯⋯⋯⋯⋯⋯⋯⋯⋯⋯⋯ 38

　　1.7.5　定理 1.4 证明中使用的引理 ⋯⋯⋯⋯⋯⋯⋯ 39

　　1.7.6　定理 1.4 的证明 ⋯⋯⋯⋯⋯⋯⋯⋯⋯⋯⋯⋯⋯ 40

第 2 章　动态参考点与投资者行为 ⋯⋯⋯⋯⋯⋯⋯⋯⋯ 45

2.1　背景介绍 ⋯⋯⋯⋯⋯⋯⋯⋯⋯⋯⋯⋯⋯⋯⋯⋯⋯⋯ 45

2.2　基于参考点动态调整的行为投资组合选择模型 ⋯ 48

　　2.2.1　市场设定 ⋯⋯⋯⋯⋯⋯⋯⋯⋯⋯⋯⋯⋯⋯⋯⋯ 48

　　2.2.2　正强化参考点动态调整 ⋯⋯⋯⋯⋯⋯⋯⋯⋯ 49

　　2.2.3　基于参考点动态调整的多期效用最大化 ⋯⋯ 52

　　2.2.4　问题 (P) 的最优解及其 U 型特征 ⋯⋯⋯⋯⋯ 54

　　2.2.5　应用: 非对称参考点动态调整导致处置效应 ⋯⋯⋯⋯ 58

　　2.3　讨论: 为什么非对称调整规则是重要的? ·················· 64

　　2.4　实验研究 ··· 67

　　　　2.4.1　实验方法 ··· 68

　　　　2.4.2　实验参与者 ·· 68

　　　　2.4.3　实验设计和过程 ·· 68

　　　　2.4.4　实验假设 ··· 70

　　　　2.4.5　主要发现 ··· 71

　　　　2.4.6　检验 $g(\cdot)$ 函数形式 ·································· 73

　　2.5　非对称参考点动态调整的另一种建模形式 ·············· 75

　　　　2.5.1　另一种模型 ··· 75

　　　　2.5.2　多期投资组合选择模型及其求解 ·················· 76

　　2.6　结论 ··· 79

　　2.7　附录 ··· 80

　　　　2.7.1　定理 2.1 的证明 ·· 80

　　　　2.7.2　定理 2.2 的证明 ·· 83

　　　　2.7.3　定理 2.3 的证明 ·· 85

　　　　2.7.4　实验参与者须知 ·· 89

第 3 章　参考点的交互形成与博弈模型 ························· 90

　　3.1　背景介绍 ··· 90

　　3.2　CRRA 型投资者与 PT 型投资者 ·························· 94

　　　　3.2.1　理论模型 ··· 94

　　　　3.2.2　范例 1: 一步成功? ····································· 96

　　3.3　PT-1 代理人与 PT-2 代理人比较 ························· 99

　　　　3.3.1　平均财富作为参考点 ·································· 99

　　　　3.3.2　范例 2: 收敛还是发散? ······················· 101

　　　　3.3.3　相互的参考依赖 ····································· 103

　　　　3.3.4　范例 3: 收敛还是发散? ······················· 104

3.4　最佳参考点选择 ··· 106

　　3.4.1　情形 1: 两个 PT 型投资者都有激进的目标 ············· 107

　　3.4.2　情形 2：保守目标与激进目标 ······················· 109

3.5　结论 ·· 112

3.6　附录 ·· 113

　　3.6.1　定理 3.5 的证明 ··································· 113

　　3.6.2　定理 3.6 的证明 ··································· 114

　　3.6.3　定理 3.7 的证明 ··································· 116

　　3.6.4　定理 3.8 的证明 ··································· 118

　　3.6.5　命题 3.1 的证明 ··································· 121

第 4 章　结论 ·· 123

参考文献 ·· 126

符号表格 ·· 130

第 1 章　前景理论下的离散时间投资组合优化

1.1　背景介绍

作为一个新的研究范式，行为金融（behavioral finance）最本质的特征是应用心理学的发现去诊断人们的投资决策过程。然而，这些相关应用在投资决策领域，特别是动态投资组合优化领域，仍然处于初级阶段。期望效用理论（expected utility theory，EUT）框架下的经典投资组合优化模型在数学上对应的是一个容易处理的凸优化问题，建立在卡内曼和特沃斯基的前景理论（prospect theory，PT）基础上的行为投资组合优化模型则常常变成一个非凸的（non-convex）或者时间不一致的（time inconsistent）优化问题。因此，如何恰当地把行为金融领域的新发现应用到实际的资产组合选择中仍然是个难题。本书的目标正是推动这一理论在实践中的应用：本书首先把投资者的心理特征建模到一个标准动态投资组合模型中，然后，在由模型推导出来的最优投资策略中找出这些新特征带来的影响。

基于冯·诺伊曼和莫根施特的期望效用理论，新古典主义下的投资组合选择问题一直以期望效用最大化为中心，这反过来又基于决策者在面对不确定性时是理性的和风险规避的假设。然而，越来越多的证据表明理性假设往往不能很好地描述现实中的投资决策行为。Kahneman 和 Tversky (1979) 的前景理论利用认知心理特征，将有限理性的人类行为纳入经济金融决策之中。在金融资产配置的应用场景下，PT 模型的四个关键要素分别是：① 人们根据相对损失/盈利（参考点依赖），而不是绝对损益来评估资产；② 因损失而遭受的痛苦程度大于因同样程度的盈利获得的幸福程度（损失厌恶）；③ 人们对于盈利有风险厌恶倾向，但在面对损失时有风险喜好倾向（S 型价值函数）；④ 人们倾向于夸大小概率事件（反 S 型的概率扭曲函数）。数学上来说，这些要素共同产生了一个 S 型价值函数（半凸半凹）和反 S 型（时间不一致）的概率扭曲函数。这些新特征反过来又使得新古典金融中求解动态期望效用模型的两种主要方法（凸对偶性和动态规划）遭遇了失败。

本章旨在建立一个离散时间设定下的行为投资组合优化模型，该模型既包含了前景理论中揭示的投资者的显著行为特征，又包含了一般情况下的市场不完全性。Bernard 和 Ghossoub (2010), He 和 Zhou (2011) 以及 Pirvu 和 Schulze (2012) 的研究工作激发了本书对前景理论下的离散时间行为投资组合优化的研究兴趣。虽然这三篇论文都讨论了 PT 型投资者的单期最优投资组合选择问题，但目前的文献缺乏关于前景理论下多期投资问题的结果。本章推导了一个 PT 型投资者的多期投资组合选择问题的显式投资策略，该策略允许在投资过程中进行资产重新配置，从而提供了一个比静态策略（购买并持有策略）更现实的策略。

Barberis 和 Huang (2009) 考虑了一个简单框架的多期问题，采用了分片线性效用函数，这实际上是凹效用的一种特例。本书考虑一个 S 型效用（部分是凹函数，部分是凸函数）。从数学上讲，本书处理的是一个不完全市场下的多期非凸目标最大化问题。De Giorgi 和 Legg (2012) 扩展了 Barberis 和 Huang (2009) 的框架以包含概率扭曲和 S 型效用。他们的论文与本书的研究之间的区别如下：De Giorgi 和 Legg (2012) 为分片线性效用和概率扭曲提供了一个易于处理的解析解。他们主要通过模拟来解决 S 型效用和概率扭曲的问题。然而，本章研究为无概率扭曲的 S 型效用提供了一个容易分析处理的解析解。

除了离散时间模型，文献中还有很多在完全市场假设和连续时间框架下的行为投资组合选择模型的研究工作（Berkelaar et al., 2004; Jin and Zhou, 2008; Barberis and Xiong, 2009）。当市场完全时，Cox 和

Huang (1989) 证明了通过鞅方法可以将动态优化问题简化为静态问题。然而，本章考虑了一个多期的投资组合选择问题，它通常与一个不完全的市场有关，从而使鞅方法失效。

如前所述，行为投资组合模型很容易不适定。He 和 Zhou (2011) 引入了一种针对极端损益的损失厌恶的测度，并给出了单期问题适定应满足的显式条件。本章遵循 He 和 Zhou (2011) 的思想，并将其扩展到多期投资组合选择模型。更具体地，本书首先为每个时间段引入一个诱导出的损失厌恶测度（induced loss aversion），然后给出每个时间段对应的临界阈值。在给定的时间段内，当诱导出的损失厌恶测度超过临界阈值水平时，问题是适定的；否则，它就是不适定的。本书的一个重要发现是诱导出的损失厌恶测度的单调性：时间段越早，该时期的诱导损失厌恶程度越低。这个观察能部分地解释尚处于争论中的期限效应（horizon effect）。此外，当问题适定时，本书推导了半显式最优投资策略，并证明了该最优行为投资组合策略仍然采用（分片）线性反馈形式。

对于经典的凹效用最大化问题，Bertsekas (1987) 给出了凹效用函数的一个充分条件，在该条件下，最优投资组合对状态变量（当前财富水平）应采取线性反馈形式。本章通过重新定义财富水平对参考水平的偏离作为新的状态变量，将 Bertsekas (1987) 的结果扩展到 S 型价值函数（部分凹，部分凸）最大化问题。这个状态变量的新定义与前景理论的关键思想是一致的，即效用的载体是财富水平对参考水平的偏离，而不是绝对财富水平。特别地，本书确定了两种可解的情况：一种是只有一种风险资产的市场，另一种是服从椭圆分布的多个风险资产的市场。在这些可解情况下，最优投资组合对于新的状态变量（偏差）仍然采用分片线性反馈形式。

Pirvu 和 Schulze (2012) 激发了本书对多元椭圆分布情况下的显式推导。在单期设定下，Pirvu 和 Schulze (2012) 提出了无风险资产和均值-方差投资组合之间的两基金分离。本章将两基金分离的结果推广到多期设定，并发现了在椭圆分布下的半显式最优投资策略的更多结构。
Levy 等 (2012) 利用一阶随机占优 (first-degree stochastic dominance，
FSD) 和前景随机占优 (prospect stochastic dominance，PSD) 讨论，证
明了分离定理在 CPT(cumulative prospect theory，累积前景理论) 框架
中是完整的。相比之下，本书通过明确求解多期投资组合优化问题，直
接展示了两基金分离的结果。

本书进行了进一步的数值分析，研究了推导出的 PT 型投资者最优
策略的性质。除了最优策略的分片线性反馈形式，本书还发现，当股票
市场逐渐好转（或变坏）时，最优股票持有量的绝对水平会增加（或减
少）。换句话说，当股市变得更好（或更糟）时，PT 型投资者将会增加
（或减少）他们的股票持有头寸。此外，如果本书假设股票回报在不同
时期是独立同分布（independent identically distribution，i.i.d.）的，则
PT 型投资者倾向于在初期持有极端头寸，并在后期根据分片线性反馈
策略略微调整头寸。

本章的其余部分组织如下。1.2 节建立具有 S 型价值函数的行为多
期投资组合优化模型。1.3 节和 1.4 节提出两个可解的情况：一种情况
是只有一种风险资产的市场；另一种是具有椭圆分布的多个风险资产的
市场。本书首先讨论不适定问题，并确定多期框架下适定的条件。在这
些适定条件下，本书分别推导两种解析可解情况下的半显式最优策略。
1.5 节给出一些数值结果，1.6 节进行总结。

1.2　模 型 设 定

本书首先定义市场环境和相应的多期投资问题。研究的资本市场由
1 个具有确定性回报率的无风险资产和具有随机回报率的 n 个风险资
产和组成。第 t 期无风险资产收益率的确定收益率用 $r_t^f > 0$ 表示，第
t 期第 i 项风险资产的回报率用 r_t^i 表示，i 从 1 到 n。因此，股票超额

收益率的向量是一个 n 维随机向量，即 $\boldsymbol{e}_t = \boldsymbol{r}_t - r_t^f \boldsymbol{1}$，其中 $\boldsymbol{e}_t$ 的第 i 个元素 $e_t^i = r_t^i - r_t^f$，$\boldsymbol{1}$ 是全一向量①。为了方便起见，本书进一步定义 $\rho_t = \prod_{j=t}^{T-1}(1 + r_j^f)$，$\rho_T = \prod_{j=T}^{T-1}(1 + r_j^f)$ 设置为 1。

具有初始财富 W_0 的 PT 型投资者在时刻 0 进入市场，并在 $n+1$ 种资产中分配他的财富。他可以在以下每个 $T-1$ 连续时间段起始，即 $t = 0, 1, 2, \cdots, T-1$ 时，在这 $n+1$ 种资产中重新分配他的财富。设 W_t 为第 t 期开始时投资者的财富，$\boldsymbol{u}_t$ 是第 t 期开始时 n 个风险资产投资金额的向量。则第 t 期开始时投资于无风险资产的金额等于 $(W_t - \sum u_t^i)$。本书考虑一个无摩擦市场，对股票头寸没有限制，即 $\boldsymbol{u}_t \in \mathbb{R}^n$，这意味着允许做空。事实上，本章的主要结果也适用于不允许卖空的情况。但受限于篇幅，本章不做细致讨论。

PT 型投资者最大化的目标，S 型价值函数包含一个任意的（但确定性的）参考水平，用 B 表示。它在终端时刻 T 把待评估的收益与损失分开。终端财富 W_T 与参考水平的偏差为

$$W_T - B = (\rho_0 W_0 - B) + \sum_{t=0}^{T-1} \rho_{t+1}(\boldsymbol{e}_t^{\mathrm{T}} \boldsymbol{u}_t)$$

其中，$\boldsymbol{e}_t^{\mathrm{T}} \boldsymbol{u}_t \triangleq \sum_{i=1}^n e_t^i u_t^i$。那么，PT 值的定义如下：

$$U(W_T) = \int_B^{+\infty} U_+(x - B)\mathrm{d}F(x) - \int_{-\infty}^B U_-(B - x)\mathrm{d}F(x) \qquad (1.1)$$

其中，$U(x)$ 为 S 型价值函数

$$U(x) = \begin{cases} U_+(x - B), & x \geqslant B \\ -U_-(B - x), & x < B \end{cases} \qquad (1.2)$$

$U_+(y) = y^\alpha$，$U_-(y) = \lambda \cdot y^\alpha$，$\lambda > 1$，$1 > \alpha > 0$，$F(\cdot)$ 是 W_T 的累积分布函数 (cumulative distribution function，CDF)。现在正式给出离散时间

---

① 本书使用粗体字母或数字来表示向量。

多期框架下期望 S 型价值函数最大化问题的表达式:

$$(\text{P}): \qquad \max \quad \mathbb{E}_0[U(W_T)]$$

$$\text{s.t.} \quad W_{t+1} = (1 + r_t^f)W_t + \boldsymbol{e}_t^{\mathrm{T}}\boldsymbol{u}_t \qquad (1.3)$$

$$\boldsymbol{u}_t \in \mathbb{R}^n, \quad t = 0, 1, \cdots, T-1$$

上述模型没有包含前景理论的另一个特征——概率扭曲(probability weighting),因为本章的主要目的是研究损失厌恶(loss aversion)和敏感性递减 (diminishing sensitivity) 对投资组合选择的影响。

前景理论的一个重要特征是,用财富水平相对参考水平的偏差而不是绝对财富水平作为效用的载体。基于这种认知,本书将状态变量定义为 $y_t \triangleq \rho_t W_t - B$,而不是通常选择的 W_t,$t = 0, 1, \cdots, T$。新的状态变量 y_t 的变化如下:

$$y_{t+1} = y_t + \rho_{t+1}\boldsymbol{e}_t^{\mathrm{T}}\boldsymbol{u}_t \qquad (1.4)$$

进一步,本书可以将 S 型价值函数改写为状态变量的函数,$J(y_T) \triangleq U(W_T)$。值得注意的是,新的状态变量被参考水平划分为两种不同的状态:正状态 ($y_t \geqslant 0$) 或负状态 ($y_t < 0$)。正状态对应收益位置(gain position),负状态对应损失位置 (loss position)。不难想象,处于收益位置的投资者与处于损失位置的投资者可能持有不同的风险态度,因此,他们可能采取不同的策略。下面推导出的分片线性反馈策略进一步证实了这一猜想。

引入财富水平相较于参考水平的偏差,而不是使用绝对财富水平作为状态变量这一想法,在技术层面似乎很自然,但它本质上指出了现有文献中 PT 型投资者线性反馈最优策略最突出的一个特征。在一定的适定条件下,He 和 Zhou (2011) 在两种明确可解的情况下提出了最优的 PT 型单期策略:① 当参考水平等于无风险回报时,对应于本书设定的状态变量为零,最优策略是不投资股票 ($u^* = 0$);② 对于分片线性效用和做空不是 Bertsekas (1987) 最优时,最优策略在股票上持有正头寸,而且它与财富水平相对于参考水平的偏差（对应于本章定义的新的状态变量）呈线性关系。对于具有分段线性效用和动态参考水平调整，且不允许做空的情况，Shi 等 (2015) 还推导了财富水平与参考水平的偏差的分片线性反馈策略。Pirvu 和 Schulze (2012) 在关键性假设下求解出的最优策略也是不投资股票，这也与本章的分片线性最优解相一致。

以下简要说明求解问题 (P) 方法背后的主要思想。本书对 S 型价值函数的最优分片线性反馈策略的显式推导是受到 Bertsekas (1987) 工作的启发。对于经典的凹效用最大化问题，Bertsekas (1987) 给出了一个充分条件，在此条件之下最优投资组合对状态变量（当前财富水平）呈线性反馈形式，而且最优投资组合对应的收益函数（benefit-to-go function）保持了与效用函数相同的形式。在引入新的状态变量 y_t 后，可以验证问题 (P) 中的 S 型价值函数 $J(y)$ 除了一个奇点（singular point）外都满足 Bertsekas (1987) 提出的充分条件：

$$-\frac{J'(y)}{J''(y)} = \frac{1}{1-\alpha}y, \quad \forall y \neq 0, \quad y = x - B \tag{1.5}$$

虽然 $J(y)$ 部分凹部分凸，在参考水平 $y = 0$ 处甚至不可微。本书的想法很直接：如果能处理好奇点问题，那么最优投资策略关于新的状态变量仍然会采用线性反馈形式，即 $\boldsymbol{u}_t^* = \boldsymbol{K}_t y_t$（$\boldsymbol{K}_t$ 是某个常数向量，独立于状态变量 y_t），与此同时，相对应的收益函数和原来的 S 型价值函数一样，保持分片幂函数的形式。换句话说，本书的目标是找到可以将 Bertsekas (1987) 的结果从经典的凹效用最大化问题扩展到 S 型价值函数的情况。接下来将逐一介绍 PT 型偏好效用框架下两种成果的情况：单个风险资产市场和服从椭圆分布的多个风险资产市场。

1.3   单个风险资产市场

本节假设市场上只有一个无风险资产和一个风险资产，即 $n = 1$。

正如之前提到的, 与经典的期望效用最大化模型不同, 行为投资组合模型很容易不适定。以本书的模型 (P) 为例, 当市场投资机会与市场参与者的偏好(由损失厌恶和风险厌恶的参数决定)不匹配时, 投资者将采取一个无限的投资组合, 将自己暴露于无限的风险之中。换句话说, 不适定性意味着模型 (P) 中的目标函数为投资者设置了错误的激励, 导致一个 "最优的" 无限投资组合。He 和 Zhou (2011) 充分探讨了一个风险资产和一个无风险资产市场的单期投资组合选择模型的适定性问题。接下来的目标是寻找多期情况下的适定条件。

定义 $\lim_{x\to+\infty}\frac{U_+(sx)}{U_+(x)}=g_+(s)$, $\forall s\geqslant 0$ 和 $\lim_{x\to+\infty}\frac{U_-(sx)}{U_-(x)}=g_-(s)$, $\forall s\geqslant 0$, 以及统计量,

$$a_t \triangleq \int_0^{+\infty} g_+(s)\mathrm{d}F_t(s) \tag{1.6}$$

$$b_t \triangleq \int_{-\infty}^0 g_-(-s)\mathrm{d}F_t(s) \tag{1.7}$$

$$\eta_t \triangleq \max\left(\frac{a_t}{b_t},\frac{b_t}{a_t}\right) \tag{1.8}$$

其中, $F_t(\cdot)$ 为股票超额回报 $e_t\in\mathbb{R}$ 的累积分布函数, $t=0,1,\cdots,T-1$。统计量 η_t 代表划分模型适定性和不适定性的时变临界水平。在式 (1.2) 的 S 型价值函数下, 有 $g_+(s)=g_-(s)=s^\alpha$, $a_t=\mathbb{E}((e_t^+)^\alpha)$ 和 $b_t=\mathbb{E}((e_t^-)^\alpha)$。

本书首先确定最后一期的适定条件。在 $T-1$ 时刻, 当前状态变量为 $y_{T-1}=\rho_{T-1}W_{T-1}-B$, PT 型投资者需要求解以下子问题:

$$(\mathrm{P}^{T-1}): \qquad \max_{\{u_{T-1}\}} \mathbb{E}_{T-1}(U(W_T))$$

其中, $\mathbb{E}_t(\cdot)$ 为基于 t 时刻信息集的条件期望。由于 $W_T-B=y_{T-1}+e_{T-1}u_{T-1}$, 可以把目标函数改写成 u_{T-1} 的函数, 记为 $H(u_{T-1})$。当 $u_{T-1}\geqslant 0$ 时, 有

$$H(u_{T-1}) \triangleq \int_{-\frac{y_{T-1}}{u_{T-1}}}^{+\infty} U_+(u_{T-1}s + y_{T-1})\mathrm{d}F_{T-1}(s)$$

$$- \int_{-\infty}^{-\frac{y_{T-1}}{u_{T-1}}} U_-(-u_{T-1}s - y_{T-1})\mathrm{d}F_{T-1}(s) \qquad (1.9)$$

同样地, 当 $u_{T-1} < 0$ 时, 有

$$H(u_{T-1}) \triangleq \int_{-\infty}^{-\frac{y_{T-1}}{u_{T-1}}} U_+(u_{T-1}s + y_{T-1})\mathrm{d}F_{T-1}(s)$$

$$- \int_{-\frac{y_{T-1}}{u_{T-1}}}^{+\infty} U_-(-u_{T-1}s - y_{T-1})\mathrm{d}F_{T-1}(s) \qquad (1.10)$$

应用与 He 和 Zhou (2011) 类似的论证, 可以得到最后一期子问题的适定条件。

命题 1.1 考虑子问题 P^{T-1},

(a) 如果 $\lambda > \eta_{T-1}$, 那么 $\lim_{|u_{T-1}| \to +\infty} H(u_{T-1}) = -\infty$, 因此子问题 (P^{T-1}) 是适定的。

(b) 如果 $\lambda \leqslant \eta_{T-1}$, 那么 $\lim_{|u_{T-1}| \to +\infty} H(u_{T-1}) = +\infty$, 因此子问题 (P^{T-1}) 是不适定的。

证明 这一命题与 He 和 Zhou (2011) 关于单期模型的推论 1 基本相同。他们论文中的损失厌恶系数的阈值条件 (large loss aversion degree, LLAD) 对应为本书的损失厌恶参数 λ。为了研究的完整性, 本书已将证明列入 1.7.1 节。 □

现在证明最优投资组合策略 u_{T-1}^* 关于状态变量 y_{T-1} 呈分段线性反馈形式。如前所述, 处于收益位置 $(y_{T-1} > 0)$ 的人与处于损失位置 $(y_{T-1} < 0)$ 的人将会采取不同的线性反馈策略。

命题 1.2 当命题 1.1 中的适定条件满足时, 最优的 PT 型策略如下:

$$u_{T-1}^* = \begin{cases} \widehat{K}_{T-1} y_{T-1}, & y_{T-1} > 0 \\ 0, & y_{T-1} = 0 \\ \widetilde{K}_{T-1} y_{T-1}, & y_{T-1} < 0 \end{cases} \tag{1.11}$$

其中, $\widehat{K}_{T-1}$ 和 $\widetilde{K}_{T-1}$ 独立于当前的偏差 y_{T-1}, 如下所示:

$$\widehat{K}_{T-1} = \arg\max \ h_{T-1}(K_{T-1}) \tag{1.12}$$

$$\widetilde{K}_{T-1} = \arg\max \ m_{T-1}(K_{T-1}) \tag{1.13}$$

$$h_{T-1}(K_{T-1}) \triangleq \mathbb{E}_{T-1}\bigg((1 + e_{T-1}K_{T-1})^\alpha 1_{\{1+e_{T-1}K_{T-1} \geqslant 0\}}$$

$$- \lambda(-1 - e_{T-1}K_{T-1})^\alpha 1_{\{1+e_{T-1}K_{T-1} < 0\}} \bigg) \tag{1.14}$$

$$m_{T-1}(K_{T-1}) \triangleq \mathbb{E}_{T-1}\bigg((-1 - e_{T-1}K_{T-1})^\alpha 1_{\{1+e_{T-1}K_{T-1} < 0\}}$$

$$- \lambda(1 + e_{T-1}K_{T-1})^\alpha 1_{\{1+e_{T-1}K_{T-1} \geqslant 0\}} \bigg) \tag{1.15}$$

证明 考虑子问题 (P^{T-1}),

$$\max_{u_{T-1}} \mathbb{E}_{T-1}\big((W_T - B)^\alpha 1_{\{W_T \geqslant B\}} - \lambda(B - W_T)^\alpha 1_{\{W_T < B\}} \big)$$

当 $y_{T-1} > 0$ 且设定 $u_{T-1} = K_{T-1}y_{T-1}$ 时, 在凸锥 $u_{T-1} \in \mathbb{R}^1$ 中识别最优的 u_{T-1} 等价于在凸锥 $K_{T-1} \in \mathbb{R}^1$ 中识别最优的 K_{T-1}。因此有

$$\max_{u_{T-1}} \ \mathbb{E}_{T-1}(U(W_T)) = \max_{K_{T-1}} \{ (y_{T-1})^\alpha h_{T-1}(K_{T-1}) \}$$

其中, $h_{T-1}(K_{T-1})$ 由等式 (1.14) 给出。因此, 最优策略为

$$u_{T-1}^* = \widehat{K}_{T-1} y_{T-1}$$

其中, $\widehat{K}_{T-1} = \arg\max \ h_{T-1}(K_{T-1})$, 独立于状态 y_{T-1}。类似地, 假设 $y_{T-1} < 0$ 可推出以下最优策略:

$$u_{T-1}^* = \widetilde{K}_{T-1} y_{T-1}$$

其中，$\widetilde{K}_{T-1} = \arg\max \ m_{T-1}(K_{T-1})$，$m_{T-1}(K_{T-1})$ 由等式 (1.15) 给出。

下面讨论奇点的情况。当 $y_{T-1} = 0$ 时，$W_T - B = e_{T-1}u_{T-1}$，这大大简化了问题。具体来说，式 (1.9) 和式 (1.10) 的目标函数 $H(u_{T-1})$ 分别简化为，当 $u_{T-1} \geqslant 0$ 时，

$$H(u_{T-1}) = \int_0^{+\infty} (u_{T-1}s)^\alpha \mathrm{d}F_{T-1}(s) - \int_{-\infty}^0 \lambda(-u_{T-1}s)^\alpha \mathrm{d}F_{T-1}(s)$$

当 $u_{T-1} < 0$ 时，

$$H(u_{T-1}) = \int_{-\infty}^0 (u_{T-1}s)^\alpha \mathrm{d}F_{T-1}(s) - \int_0^{+\infty} \lambda(-u_{T-1}s)^\alpha \mathrm{d}F_{T-1}(s)$$

对 u_{T-1} 求导得

$$\frac{\mathrm{d}H(u_{T-1})}{\mathrm{d}u_{T-1}} = \alpha(u_{T-1})^{\alpha-1} \left(\int_0^{+\infty} (s)^\alpha \mathrm{d}F_{T-1}(s) - \int_{-\infty}^0 \lambda(-s)^\alpha \mathrm{d}F_{T-1}(s) \right)$$

$$= \alpha(u_{T-1})^{\alpha-1} (a_{T-1} - \lambda \cdot b_{T-1}) < 0, \quad u_{T-1} \geqslant 0$$

以及

$$\frac{\mathrm{d}H(u_{T-1})}{\mathrm{d}u_{T-1}} = (-\alpha)(-u_{T-1})^{\alpha-1}$$

$$\cdot \left(\int_{-\infty}^0 (-s)^\alpha \mathrm{d}F_{T-1}(s) - \int_0^{+\infty} \lambda(s)^\alpha \mathrm{d}F_{T-1}(s) \right)$$

$$= (-\alpha)(-u_{T-1})^{\alpha-1} (b_{T-1} - \lambda \cdot a_{T-1}) > 0, \quad u_{T-1} < 0$$

因此，当 $u_{T-1} < 0$ 时，$H'(u_{T-1}) < 0$；当 $u_{T-1} > 0$ 时，有 $H'(u_{T-1}) > 0$。$u_{T-1}^* = 0$ 确实是 $y_{T-1} = 0$ 这一奇异点的唯一最优解。 □

将式 (1.11) 的最优策略 u_{T-1}^* 代入目标函数，得到 $T-1$ 时刻的收益函数，用 $J_{T-1}(y_{T-1})$ 表示：

$$J_{T-1}(y_{T-1})$$

$$\triangleq H(u_{T-1}^*)$$

$$= h_{T-1}(\widehat{K}_{T-1})(y_{T-1})^{\alpha}1_{\{y_{T-1}\geqslant 0\}} + m_{T-1}(\widetilde{K}_{T-1})(-y_{T-1})^{\alpha}1_{\{y_{T-1}<0\}}$$

$$\text{(1.16)}$$

其保留了价值函数 $U(W_T)$ 的两段幂函数形式。此外，还可以验证除了一点之外，收益函数 $J_{T-1}(\cdot)$ 是连续且二次可微的，并且满足与式 (1.5) 形式相同的条件，

$$-\frac{J'_{T-1}(y_{T-1})}{J''_{T-1}(y_{T-1})} = \frac{1}{\rho_{T-1}(1-\alpha)}y_{T-1}, \quad \forall \, y_{T-1} \neq 0 \qquad \text{(1.17)}$$

因此，收益函数 $J_{T-1}(\cdot)$ 可以看出是一个诱导的 S 型价值函数。值得注意的是，在命题 1.2 中，零偏差情况下的零最优解是本书将单期设定的结果扩展到多期设定的关键，在此条件下本书的收益函数 $J_{T-1}(\cdot)$ 保持两片分片形式，分片的个数并不会随着时间增长。

本书现在将 $T-1$ 的结果扩展到一般情况。首先，将 t 时刻的收益函数定义为

$$J_t(y_t) \triangleq \max_{\{u_t,\cdots,u_{T-1}\}} \mathbb{E}_t\left((W_T-B)^{\alpha}1_{\{W_T\geqslant B\}} - \lambda(B-W_T)^{\alpha}1_{\{W_T<B\}}\right)$$

利用动态规划求解问题 (P)，可以得到以下收益函数的递归方程：

$$J_t(y_t) = \max_{\{u_t\}} \mathbb{E}_t\left(J_{t+1}(y_{t+1})\right)$$

本书想证明

$$J_t(y_t) = C_t(y_t)^{\alpha}1_{\{y_t\geqslant 0\}} - D_t(-y_t)^{\alpha}1_{\{y_t<0\}}$$

成立，其中 $C_t = h_t(\widehat{K}_t)$，$D_t = -m_t(\widetilde{K}_t)$，

$$h_t(K_t) \triangleq \mathbb{E}_t\left(C_{t+1}(1+\rho_{t+1}e_tK_t)^{\alpha}1_{\{1+\rho_{t+1}e_tK_t\geqslant 0\}}\right)$$

$$- D_{t+1}(-1 - \rho_{t+1}e_tK_t)^\alpha 1_{\{1+\rho_{t+1}e_tK_t<0\}})$$

$$m_t(K_t) \triangleq \mathbb{E}_t\big(C_{t+1}(-1 - \rho_{t+1}e_tK_t)^\alpha 1_{\{1+\rho_{t+1}e_tK_t<0\}}$$

$$- D_{t+1}(1 + \rho_{t+1}e_tK_t)^\alpha 1_{\{1+\rho_{t+1}e_tK_t\geqslant 0\}}\big)$$

以及

$$\widehat{K}_t = \arg\max h_t(K_t) \tag{1.18}$$

$$\widetilde{K}_t = \arg\max m_t(K_t) \tag{1.19}$$

本书通过逆向归纳证明上述收益函数的形式。在时刻 T, 令 $C_T = 1$, $D_T = \lambda$, 有 $J_T(y_T) = U(x_T)$。在 $T-1$ 时刻, 本书已经在式 (1.16) 展示了 $C_{T-1} = h_{T-1}(\widehat{K}_{T-1})$ 和 $D_{T-1} = -m_{T-1}(\widetilde{K}_{T-1})$。本书假设该表述在 $t+1$ 时刻成立, 即

$$J_{t+1}(y_{t+1}) = C_{t+1}(y_{t+1})^\alpha 1_{\{y_{t+1}\geqslant 0\}} - D_{t+1}(-y_{t+1})^\alpha 1_{\{y_{t+1}<0\}}$$

在 t 时刻, 如果本书能在适定条件下成功地求解这一问题, 使得 u_t^* 仍然是一个分片线性反馈策略, 那么就有

$$J_t(y_t)$$

$$= \mathbb{E}_t\left(J_{t+1}(y_t + \rho_{t+1}e_tu_t^*)\right)$$

$$= C_{t+1}(y_t + \rho_{t+1}e_tu_t^*)^\alpha 1_{\{y_{t+1}\geqslant 0\}} - D_{t+1}(-y_t - \rho_{t+1}e_tu_t^*)^\alpha 1_{\{y_{t+1}<0\}}$$

$$= (y_t)^\alpha h_t(\widehat{K}_t)1_{\{y_t\geqslant 0\}} + (-y_t)^\alpha m_t(\widetilde{K}_t)1_{\{y_t<0\}}$$

$$= C_t(y_t)^\alpha 1_{\{y_t\geqslant 0\}} - D_t(-y_t)^\alpha 1_{\{y_t<0\}}$$

因此, 收益函数 $J_t(\cdot)$ 保持了分段形式, 并且这一函数的片段数不会随着时间段的增加而变多。

现在，本书给出一般情况下的适定条件和最优策略。注意，PT 型投资者需要在时刻 t 求解以下子问题，$t = 0, 1, \cdots, T-1$，

$$(\mathrm{P}^t): \quad \max_{\{u_t\}} \mathbb{E}_t(J_{t+1}(y_{t+1})) = \mathbb{E}_t(C_{t+1}(y_{t+1})_+^\alpha - D_{t+1}(y_{t+1})_-^\alpha) \triangleq H(u_t)$$

定义 1.1　对任意时刻 $t = T-1, \cdots, 1, 0$，定义比率

$$\lambda_t = \frac{D_{t+1}}{C_{t+1}} = \frac{-m_{t+1}(\widetilde{K}_{t+1})}{h_{t+1}(\widehat{K}_{t+1})}$$

为第 t 期诱导出的损失厌恶测度。

最后一期诱导出的损失厌恶测度简化为原问题 (P) 的初始损失厌恶参数，即 $\lambda_{T-1} = D_T/C_T = \lambda$。基于每期诱导出的损失厌恶测度的定义，本书可以用来描述多期投资组合优化问题的适定条件。

定理 1.1　考虑子问题 (P^t)，

(a) 如果 $\lambda_t \geqslant \eta_t$，那么 $\lim_{|u_t| \to +\infty} H(u_t) = -\infty$，因此子问题 (P^t) 是适定的。

(b) 如果 $\lambda_t < \eta_t$，那么 $\lim_{|u_t| \to +\infty} H(u_t) = +\infty$，因此子问题 (P^t) 是不适定的。

证明　证明类似于命题 1.1，因此省略。　　　　　　　　　　□

定理 1.2　当定理 1.1 的适定条件满足时，最优的 PT 型投资策略由下式给出：

$$u_t^* = \begin{cases} \widehat{K}_t y_t, & y_t \geqslant 0 \\ \widetilde{K}_t y_t, & y_t < 0 \end{cases} \tag{1.20}$$

其中，$\widehat{K}_t$ 和 $\widetilde{K}_t$ 分别是式 (1.18) 和式 (1.19) 规定的两个常数。

证明　证明类似于命题 1.2，因此省略。　　　　　　　　　　□

评论 1.1　对于普通投资者来说，一个自然的参考水平是如果不投资股票而是将所有初始财富都投资于无风险资产到期末所累计获得的

最终财富水平, 即 $B = x_0 \rho_0$。当 $B = x_0 \rho_0$ 时, 式 (1.20) 给定的最优策略为 $u_t^* = 0$, 这是因为对于所有的 $t = 0, 1, \cdots, T-1$, 都有 $y_t = 0$。这种零投资的行为可能是大多数普通投资者根本不投资股票这一现象背后的原因 (non-participation puzzle)。

命题 1.3 定义 1.1 中定义的诱导损失厌恶测度满足

$$\lambda_{t-1} \leqslant \lambda_t$$

对于 $t = 1, 2, \cdots, T-1$。

证明 对于任意 $t \in \{T-1, \cdots, 2, 1\}$, 本书有

$$C_t = h_t(\widehat{K}_t) = \max_{K_t} \mathbb{E}_t \left(C_{t+1}(1 + \rho_{t+1} e_t K_t)_+^\alpha - D_{t+1}(1 + \rho_{t+1} e_t K_t)_-^\alpha \right)$$

$$= \max_{K_t} h_t(K_t) \geqslant h_t(0) = C_{t+1}$$

$$-D_t = m_t(\widetilde{K}_t) = \max_{K_t} \mathbb{E}_t \left(C_{t+1}(1 + \rho_{t+1} e_t K_t)_-^\alpha - D_{t+1}(1 + \rho_{t+1} e_t K_t)_+^\alpha \right)$$

$$= \max_{K_t} m_t(K_t) \geqslant m_t(0) = -D_{t+1}$$

因此, $D_t / C_t \leqslant D_{t+1} / C_{t+1}$, 即 $\lambda_{t-1} \leqslant \lambda_t$。 □

上面的命题揭示了诱导出的损失厌恶参数 λ_t 序列的单调性质。诱导出的损失厌恶参数越靠近终端时间越大。这一性质与直觉相符。在本书的模型中, λ 的损失惩罚只在终端时间 T 处实现。处于起始阶段的投资者有更多的时间来弥补损失, 因此比处在投资期结束时的投资者更不损失厌恶。换句话说, 随着时间的推移, 越接近评价时间 T, 投资者会变得越谨慎, 更加厌恶损失。因此, 在投资初期, 投资者的损失厌恶参数 λ_0 最小, 因此往往会违背适定条件, 从而投资者倾向于采取极端的头寸。

这种单调性可能有助于关于期限效应 (horizon effect) 的争论: 一个长期投资者是否应该与一个短期投资者用不同的方式来分配他的财

富。Merton (1969) 和 Samuelson (1969) 的经典研究表明，只要资产回报是个鞅，具有常相对风险规避 (constant relative risk averse，CRRA) 效用的投资者的最佳投资组合选择是独立于投资期限的。然而，这一结论与投资者从投资顾问那里得到的建议相矛盾：长期投资者应该将更多的财富分配给股票。近年来，随着前景理论的发展，文献中出现了一些关于时间分散风险理论的实证性证据。Benartzi 和 Thaler (1995) 发现，损失厌恶的投资者的评估期限越短，高风险高预期回报的股票对于其的吸引力就越小。基于详细的数值分析，Aït-Sahalia 和 Brandt (2001) 发现，期限效应对 PT 型投资者来说最为显著。

本书利用命题 1.3 诱导出的损失厌恶参数的单调性质，从一个损失厌恶的投资者在其整个生命周期内改变风险态度的角度来分析期限效应。在投资初期，他是一个有较小损失厌恶参数的长期投资者。随着年龄的增长，他变成了一个具有巨大损失厌恶参数的短期投资者。巨大的损失厌恶有效地导致短期投资者极其厌恶风险。对于长期投资者来说，一方面，他有更多的时间从市场挫折中恢复过来；另一方面，他几乎是风险中性的，因为可能的回报远离拐点。因此，长期投资者往往比短期投资者持有更多的股票。本书后面的数值结果也证实了这一观察。

1.4　服从椭圆分布的多个风险资产市场

本节将 1.3 节单个风险资产 ($n = 1$) 的结果推广到多个风险资产 ($n > 1$)，并假设这些风险资产服从椭圆分布族的联合分布。椭圆分布族包含许多常见的分布，如正态分布、学生 t 分布、逻辑斯谛（Logistic）分布、指数幂分布、正态-方差混合分布等。此外，许多椭圆分布已被证明可以很好地拟合真实世界的数据。其中，以肥尾和尖峰为特征的学生 t 分布引起了最多的关注，并得到了许多实证研究的检验（Blattberg and Gonedes, 1974; Kon, 1984; Hu and Kercheval, 2010）。

假设超额收益向量 e_t 服从 n 维椭圆分布，即

$$e_t \sim \mathrm{EC}_n(\boldsymbol{\mu}, \boldsymbol{\Sigma}; G)$$

其中，$\boldsymbol{\mu} \in \mathbb{R}^n$ 为均值向量，$\boldsymbol{\Sigma} \in \mathbb{R}_+^{n \times n}$ 为协方差矩阵。本书进一步假设 e_t 的密度函数存在，其形式如下：

$$f(e_t) = |\boldsymbol{\Sigma}|^{-\frac{1}{2}} G\left((e_t - \boldsymbol{\mu})^{\mathrm{T}} \boldsymbol{\Sigma}^{-1}(e_t - \boldsymbol{\mu})\right)$$

其中，$G : \mathbb{R}_+^1 \to \mathbb{R}_+^1$ 称为密度生成函数或 e_t 的形状。关于椭圆分布的更多细节，请参考 Fang 等 (1990) 以及 Bingham 和 Kiesel (2002) 的相关研究。

椭圆分布随机向量的任意线性组合本身仍然服从椭圆分布，椭圆分布这一特性对于投资组合是非常有用的。特别地，由任意可行投资策略（admissible policy）u_t 生成的投资组合用 $P(u_t)$ 表示，服从一维椭圆分布，即

$$P(u_t) \triangleq e_t^{\mathrm{T}} u_t \sim \mathrm{EC}_1(\bar{\mu}, \bar{\sigma}; G)$$

均值为 $\bar{\mu} = \boldsymbol{\mu}^{\mathrm{T}} u_t$，方差为 $\bar{\sigma}^2 = u_t^{\mathrm{T}} \boldsymbol{\Sigma} u_t$。

受单个风险资产研究结果的启发，在包含多只股票的市场上的适定条件也应该将市场参与者的偏好与市场投资机会（多只股票的联合分布）联系起来，这通常涉及复杂的多重积分。幸运的是，在多元椭圆分布族的前提假设下，只需要关注一维的投资组合分布，只涉及一维积分。现在把方程式 (1.6) ~ 式 (1.8) 中这些关键的统计量推广到多元椭圆分布。对于任何可行的投资组合 $P(u_t)$，本书用 $F_t^u(\cdot)$ 表示其累积分布函数，并定义

$$a_t^u \triangleq \int_0^{+\infty} g_+(s) \mathrm{d} F_t^u(s) \tag{1.21}$$

$$b_t^u \triangleq \int_{-\infty}^0 g_-(-s) \mathrm{d} F_t^u(s) \tag{1.22}$$

然后，第 t 期区分适定和不适定的临界阈值为

$$\eta_t \triangleq \sup \left\{ \max \left(\frac{a_t^u}{b_t^u}, \frac{b_t^u}{a_t^u} \right) ; \ \forall \ \boldsymbol{u}_t \in \mathbb{R}^n, \|\boldsymbol{u}_t\|_2 = 1 \right\} \tag{1.23}$$

首先，本书需要证明临界值 η_t 对于椭圆分布来说都是有限的；否则，讨论适定和不适定是没有意义的。

命题 1.4　对于任意椭圆分布，有

$$\eta_t < \infty$$

证明　见 1.7.3 节。　　　　　　　　　　　　　　　　　　　　$\square$

对于任意时间 $t, t \in \{0, 1, \cdots, T-1\}$，当前状态变量为 $y_t = \rho_t W_t - B$，PT 型投资者面临以下子问题 (P^t)：

$$\max_{\{\boldsymbol{u}_t\}} \mathbb{E}_t(U(W_T)) = \mathbb{E}_t(J_{t+1}(y_{t+1})) = \mathbb{E}_t(C_{t+1}(y_{t+1})_+^\alpha - D_{t+1}(y_{t+1})_-^\alpha) \tag{1.24}$$

因为 $y_{t+1} = y_t + \rho_{t+1} \boldsymbol{e}_t^\mathrm{T} \boldsymbol{u}_t = y_t + \rho_{t+1} P(\boldsymbol{u}_t)$，目标函数可以写成 $P(\boldsymbol{u}_t)$ 的函数：

$$\begin{aligned}
H(P(\boldsymbol{u}_t)) &\triangleq \int_{-y_t/\rho_{t+1}}^{+\infty} U_+(\rho_{t+1}s + y_t)\mathrm{d}F_t^{\boldsymbol{u}}(s) \\
&\quad - \int_{-\infty}^{-y_t/\rho_{t+1}} U_-(-\rho_{t+1}s - y_t)\mathrm{d}F_t^{\boldsymbol{u}}(s)
\end{aligned} \tag{1.25}$$

定义 1.2　对于任意 $t = 0, 1, \cdots, T-1$，定义比率

$$\lambda_t = \frac{D_{t+1}}{C_{t+1}} = \frac{-m_{t+1}(\widetilde{\boldsymbol{K}}_{t+1})}{h_{t+1}(\widehat{\boldsymbol{K}}_{t+1})}$$

为第 t 期诱导出的损失厌恶参数，其中 $m_{t+1}(\widetilde{\boldsymbol{K}}_{t+1})$ 和 $h_{t+1}(\widehat{\boldsymbol{K}}_{t+1})$ 分别由式 (1.18) 和式 (1.19) 给出，而 $e_t K_t$ 由 $\boldsymbol{e}_t^\mathrm{T} \boldsymbol{K}_t$ 所替代。

定理 1.3　对于任意 $t = 0, 1, \cdots, T-1$,

(a) 如果 $\lambda_t > \eta_t$, 有 $\lim_{\|\boldsymbol{u}_t\|_2 \to +\infty} H(P(\boldsymbol{u}_t)) = -\infty$, 因此子问题 (P^t) 是适定的。

(b) 如果 $\lambda_t < \eta_t$, 有 $\lim_{\|\boldsymbol{u}_t\|_2 \to +\infty} H(P(\boldsymbol{u}_t)) = +\infty$, 因此子问题 (P^t) 是不适定的。

证明　见 1.7.4 节。　　　　　　　　　　　　　　　　　　　　　□

在给定了适定条件之后, 本书继续求解式 (1.24) 中的子问题 (P^t)。再一次, 令 $\boldsymbol{u}_t = y_t \boldsymbol{K}_t$。如前所述, 状态变量 y_t 的符号取值为正还是负会影响投资者的风险态度。从数学上讲, y_t 的符号决定了投资者选取哪个目标函数:

$$(\mathrm{P}^t): \quad \max_{\{\boldsymbol{u}_t = y_t \boldsymbol{K}_t\}} \mathbb{E}_t(U(W_T)) = \begin{cases} \max\limits_{\{\boldsymbol{K}_t\}} \; y_t^\alpha h_t(\boldsymbol{K}_t), & y_t \geqslant 0 \\[2mm] \max\limits_{\{\boldsymbol{K}_t\}} \; (-y_t)^\alpha m_t(\boldsymbol{K}_t), & y_t < 0 \end{cases}$$

其中

$$h_t(\boldsymbol{K}_t) \triangleq \mathbb{E}_t\Bigg(C_{t+1}(1 + \rho_{t+1}\boldsymbol{e}_t^{\mathrm{T}}\boldsymbol{K}_t)^\alpha \mathbf{1}_{\{1+\rho_{t+1}\boldsymbol{e}_t^{\mathrm{T}}\boldsymbol{K}_t \geqslant 0\}}$$
$$- D_{t+1}(-1 - \rho_{t+1}\boldsymbol{e}_t^{\mathrm{T}}\boldsymbol{K}_t)^\alpha \mathbf{1}_{\{1+\rho_{t+1}\boldsymbol{e}_t^{\mathrm{T}}\boldsymbol{K}_t < 0\}} \Bigg)$$

$$m_t(\boldsymbol{K}_t) \triangleq \mathbb{E}_t\Bigg(C_{t+1}(-1 - \rho_{t+1}\boldsymbol{e}_t^{\mathrm{T}}\boldsymbol{K}_t)^\alpha \mathbf{1}_{\{1+\rho_{t+1}\boldsymbol{e}_t^{\mathrm{T}}\boldsymbol{K}_t < 0\}}$$
$$- D_{t+1}(1 + \rho_{t+1}\boldsymbol{e}_t^{\mathrm{T}}\boldsymbol{K}_t)^\alpha \mathbf{1}_{\{1+\rho_{t+1}\boldsymbol{e}_t^{\mathrm{T}}\boldsymbol{K}_t \geqslant 0\}} \Bigg)$$

如果当前状态为正 (先验收益位置), PT 型投资者通过选择最优投资组合 $\boldsymbol{e}_t^{\mathrm{T}}\widehat{\boldsymbol{K}}_t$ 来最大化 $h_t(\boldsymbol{K}_t)$ 函数; 如果当前状态为负 (先验损失位置), PT 型投资者通过选择最优投资组合 $\boldsymbol{e}_t^{\mathrm{T}}\widetilde{\boldsymbol{K}}_t$ 来最大化 $m_t(\boldsymbol{K}_t)$ 函数。

由于椭圆分布假设, 任意投资组合 $P(\boldsymbol{K}_t) = \boldsymbol{e}_t^{\mathrm{T}}\boldsymbol{K}_t$ 服从一维椭圆分布, 即

$$P(\boldsymbol{K}_t) \sim \mathrm{EC}_1(\bar{\mu}(\boldsymbol{K}_t), \bar{\sigma}(\boldsymbol{K}_t); G)$$

均值为 $\bar{\mu}(\boldsymbol{K}_t) = \boldsymbol{K}_t^{\mathrm{T}}\mu$，方差为 $\bar{\sigma}^2(\boldsymbol{K}_t) = \boldsymbol{K}_t^{\mathrm{T}}\Sigma\boldsymbol{K}_t$。从现在开始，为简便起见，$\bar{\mu}$ 和 $\bar{\sigma}$ 分别作为 $\bar{\mu}(\boldsymbol{K}_t)$ 和 $\bar{\sigma}(\boldsymbol{K}_t)$ 的缩写。进一步，可以将 $h_t(\boldsymbol{K}_t)$ 和 $m_t(\boldsymbol{K}_t)$ 改写为投资组合的均值和方差的函数：

$$
\begin{aligned}
& h_t(\boldsymbol{K}_t) \\
\triangleq\ & v(\bar{\mu}(\boldsymbol{K}_t), \bar{\sigma}(\boldsymbol{K}_t)) \\
=\ & \frac{1}{\bar{\sigma}} \left(C_{t+1} \int_{-1}^{+\infty} (1+x)^\alpha \theta(\frac{x-\bar{\mu}}{\bar{\sigma}}) \mathrm{d}x - D_{t+1} \int_{-\infty}^{-1} (-1-x)^\alpha \theta(\frac{x-\bar{\mu}}{\bar{\sigma}}) \mathrm{d}x \right)
\end{aligned}
\tag{1.26}
$$

$$
\begin{aligned}
& m_t(\boldsymbol{K}_t) \\
\triangleq\ & q(\bar{\mu}(\boldsymbol{K}_t), \bar{\sigma}(\boldsymbol{K}_t)) \\
=\ & \frac{1}{\bar{\sigma}} \left(C_{t+1} \int_{-\infty}^{-1} (-1-x)^\alpha \theta(\frac{x-\bar{\mu}}{\bar{\sigma}}) \mathrm{d}x - D_{t+1} \int_{-1}^{+\infty} (1+x)^\alpha \theta(\frac{x-\bar{\mu}}{\bar{\sigma}}) \mathrm{d}x \right)
\end{aligned}
\tag{1.27}
$$

其中，$\theta(\cdot)$ 为标准化投资组合 $P(\boldsymbol{K}_t)$ 的 PDF（probability density function，概率密度函数）。此外，本书还可以证明函数 $v(\cdot)$ [函数 $q(\cdot)$] 相对于投资组合的均值 $\bar{\mu}$ 是严格递增（严格递减的）。

引理 1.1　式 (1.26) 中的函数 $\bar{\mu} \to v(\bar{\mu}, \cdot)$ 是严格递增的，式 (1.27) 中的函数 $\bar{\mu} \to q(\bar{\mu}, \cdot)$ 是严格递减的。

证明　见 1.7.5 节。　　　　　　　　　　　　　　　　　　　　□

现在，子问题 (P^t) 可以改写如下：

$$
(\mathrm{P}^t) \quad \max_{\{\boldsymbol{u}_t = y_t \boldsymbol{K}_t\}} \mathbb{E}_t[U(W_T)] =
\begin{cases}
\displaystyle\max_{\{\bar{\mu},\bar{\sigma}\}} y_t^\alpha\, v(\bar{\mu}, \bar{\sigma}), & y_t \geqslant 0 \\[2mm]
\displaystyle\max_{\{\bar{\mu},\bar{\sigma}\}} (-y_t)^\alpha\, q(\bar{\mu}, \bar{\sigma}), & y_t < 0
\end{cases}
$$

PT 型投资者现在通过在均值-标准差平面上搜索最优 $(\bar{\mu}, \bar{\sigma})$ 来最大化其效用。如果 $y_t \geqslant 0$, 投资者搜索最优 $(\bar{\mu}, \bar{\sigma})$ 使 $v(\cdot)$ 函数最大化; 如果 $y_t < 0$, 投资者搜索最优 $(\bar{\mu}, \bar{\sigma})$ 使 $q(\cdot)$ 函数最大化。基于引理 1.1 的单调性质, 很容易推测 $y_t > 0$ 的切线组合会接触有效前沿, 因为 $v(\cdot)$ 的函数值会随着 $\bar{\mu}$ 的增加而增加; $y_t < 0$ 的切线组合将触及无效边界, 因为 $q(\cdot)$ 的函数值会随着 $\bar{\mu}$ 的减少而增加。下面的定理和数值分析证实了本书的猜想。定义 $y_t > 0$ 情况下的切线组合为 $\widehat{k}_t \boldsymbol{\xi}_M$, $y_t < 0$ 情况下的切线组合为 $\widetilde{k}_t \boldsymbol{\xi}_M$, 其中, $\boldsymbol{\xi}_M = \boldsymbol{\Sigma}^{-1} \boldsymbol{\mu}$ 为市场投资组合。

定理 1.4 当满足定理 1.3 的适定条件时, 最优的 PT 型策略如下:

$$
\boldsymbol{u}_t^* = \begin{cases} \widehat{k}_t \boldsymbol{\xi}_M y_t, & y_t > 0 \\ \boldsymbol{0}, & y_t = 0 \\ \widetilde{k}_t \boldsymbol{\xi}_M y_t, & y_t < 0 \end{cases} \tag{1.28}
$$

其中, $\widehat{k}_t \boldsymbol{\xi}_M$ 和 $\widetilde{k}_t \boldsymbol{\xi}_M$ 是以下两个优化问题的最优解。

$$\widehat{k}_t \boldsymbol{\xi}_M$$

$$\triangleq \arg\max \ h_t(\boldsymbol{K}_t)$$

$$= \arg\max \ h_t(k_t \boldsymbol{\xi}_M)$$

$$= \mathbb{E}_t \left(C_{t+1} (1 + \rho_{t+1} k_t (\boldsymbol{e}_t^{\mathrm{T}} \boldsymbol{\xi}_M))_+^\alpha - D_{t+1} (1 + \rho_{t+1} k_t (\boldsymbol{e}_t^{\mathrm{T}} \boldsymbol{\xi}_M))_-^\alpha \right) \tag{1.29}$$

$$\widetilde{k}_t \boldsymbol{\xi}_M$$

$$\triangleq \arg\max \ m_t(\boldsymbol{K}_t)$$

$$= \arg\max \ m_t(k_t \boldsymbol{\xi}_M)$$

$$= \mathbb{E}_t \left(C_{t+1} (1 + \rho_{t+1} k_t (\boldsymbol{e}_t^{\mathrm{T}} \boldsymbol{\xi}_M))_-^\alpha - D_{t+1} (1 + \rho_{t+1} k_t (\boldsymbol{e}_t^{\mathrm{T}} \boldsymbol{\xi}_M))_+^\alpha \right) \tag{1.30}$$

证明　见 1.7.6 节。　　　　　　　　　　　　　　　　　　　□

评论 1.2　值得注意的是，单个风险资产的情况和服从联合椭圆分布的多个风险资产的情况之间不存在本质的区别。用市场投资组合回报 $P(\boldsymbol{\xi}_M) = \boldsymbol{e}_t^{\mathrm{T}}\boldsymbol{\xi}_M$ 替代定理 1.2 中的式 (1.18) 和式 (1.19) 的一维股票回报 e_t，将得到定理 1.4 中式 (1.29) 和式 (1.30) 所示的最优系数 $\hat{k}_t$ 和 $\tilde{k}_t$。

对于 $y_t < 0$ 的情况，切线投资组合 $\tilde{k}_t\boldsymbol{\xi}_M$ 位于无效边界的事实似乎相当奇怪。考虑到负状态变量，持有的"真实"最优股票 $\boldsymbol{u}_t^* = y_t\tilde{k}_t\boldsymbol{\xi}_M$ 将从无效边界回到有效前沿。在这种情况下，当考虑实际最优投资组合 $\boldsymbol{u}_t^*$ 而不是 $\tilde{k}_t\boldsymbol{\xi}_M$ 时，增加 $\bar{\mu}(\boldsymbol{u}_t)$，将增加效用。下面的数值例子进一步证实了这一观察。

在经典的两基金分离推导中，风险规避态度（凹效用或均值方差框架中预期回报和方差之间的权衡）保证了投资者避免无限借贷。然而，前景理论中的 S 型效用函数除了收益区域的风险规避，在损失区域中实际上是风险追求的。但是，定理 1.4 已经清楚地表明，两基金分离的结果在 S 型效用函数下仍然有效。那么，风险寻求部分和风险规避部分如何在分离的推导过程中发挥各自的作用？S 型效用函数将如何影响最优投资组合（或切线投资组合）？① 下面的例子将详细地回答这些问题。

例 1.1　考虑一个由三种风险资产和一种无风险资产组成的简单市场：标准普尔 500 指数 (SP)、新兴市场指数 (EM)、美国市场的小型股票 (MS) 和一笔银行存款。年化的无风险利率为 5%。根据 Elton 等 (2009) 提供的数据，这三个风险资产的年回报率具有表 1.1 给出的期望值、标准差和相关系数。为简单起见，本书进一步假设所有的年回报率都服从多元正态分布。

---

① 本书的主要技巧之一是从优化问题中分离出状态变量 y_t。本书将不带状态变量的最优投资组合 $k^*\boldsymbol{\xi}_M$ 命名为"切线投资组合"，将带有状态变量的最优投资组合 $\boldsymbol{u}^*$ 命名为"最优投资组合"。

表 1.1 两基金分离示例中的数据

	SP	EM	MS
期望值	14%	16%	17%
标准差	18.5%	30%	24%
相关系数			
SP	1	0.64	0.79
EM		1	0.75
MS			1

基于经典的均值-方差分析，该市场的市场投资组合为

$$\boldsymbol{\xi}_M = \boldsymbol{\Sigma}^{-1}\boldsymbol{\mu} = \begin{bmatrix} 1.3471 \\ -0.1537 \\ 1.4071 \end{bmatrix}$$

如图 1.1 所示位于有效前沿上的星点。

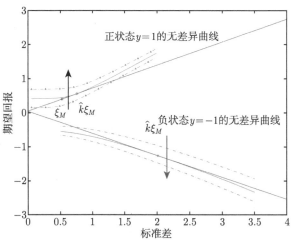

图 1.1 S 型效用函数下的两基金分离

现在，本书指定具有 S 型效用的 PT 型投资者的偏好参数。单期设定就足够说明分离结果，因此设定 $T = 1$ 年。本书设定 $\alpha = 0.88$, $\lambda = 5$。[①]

---

① 本书遵从 Tversky 和 Kahneman (1992) 将风险规避参数设为 0.88，但让损失厌恶参数有更多的自由，以代表长期和短期投资者不同的损失厌恶水平。

PT 型投资者从初始财富 $w_0 = 1$ 开始，并试图通过将其初始财富分配到上述 4 个资产中来最大化他的终期 S 型效用。他可以用两种不同的方式来设置参考水平 B。他可以将参考水平设置为高于无风险回报，$y = w_0(1 + r_f) - B = -1$，或者设置为低于无风险回报，如 $y = 1$。

数学上，PT 型投资者需要求解如下两类单期问题：

$$
\max_{\{u\}} \quad \mathbb{E}(U(W_T)) =
\begin{cases}
\displaystyle\max_{\{K\}} \quad y^{\alpha}h(\boldsymbol{K}) = y^{\alpha}v(\bar{\mu}, \bar{\sigma}), & y \geqslant 0 \\[2mm]
\displaystyle\max_{\{K\}} \quad (-y)^{\alpha}m(\boldsymbol{K}) = (-y)^{\alpha}q(\bar{\mu}, \bar{\sigma}), & y < 0
\end{cases}
$$

图 1.1 为标准化的均值标准差平面。有效前沿和无效边界形成了一个锥形区域，这是均值-方差 $(\bar{\mu}, \bar{\sigma})$ 的可达区域。有三角图形的虚线曲线是 $v(\cdot)$ 函数的无差异曲线，其中一条与有效前沿在空心圆点 $\hat{k}\boldsymbol{\xi}_M$ 处相切。切点对应的切线组合达到了 $v(\cdot)$ 函数的最大值。点线曲线是 $q(\cdot)$ 函数的无差异曲线，其中一条与无效边界在空心圆点 $\tilde{k}\boldsymbol{\xi}_M$ 处相切。乘以负状态 $y = -1$，最优投资组合 $\boldsymbol{u}^* = -\tilde{k}\boldsymbol{\xi}_M$ 就回到了有效前沿。

本例表明，具有 S 型效用的 PT 型投资者与传统的均值方差投资者具有相同的市场投资组合。在本例中，PT 型投资者以 $\hat{k}$ 或 $\tilde{k}$ 的比例从银行借款，以更多地投资于市场投资组合。值得注意的是，$\hat{k}$ 并不总是大于 1，在这个例子中是因为市场良好（这三个指数的预期超额回报都是正的）。但 $\tilde{k}$ 的绝对水平总是大于 $\hat{k}$，这也被表 1.2 的数据所证实。直觉上很容易理解。比较 $y = -1$ 和 $y = 1$ 两种情况下的最优投资组合，一个更高的参考水平当然会增加对风险资产的需求。

保持其他参数不变，将损失厌恶参数 λ 从 5 减少到 2 将导致图 1.2 中的无差异曲线变成图 1.2 和图 1.3 中的点划线。换句话说，减少损失厌恶会使最优投资组合远离市场投资组合。基于命题 1.3 推导出的损失厌恶参数 λ_t 的单调性，本书也可以将较小的损失厌恶参数 $\lambda = 2$ 理解为处于初始时期的投资者。之前发现使用最小的诱导损失厌恶参数 λ_0，投资者往往倾向于违反适定条件。这样的发现在图 1.2 和图 1.3 中变得清晰:减少损失厌恶将使切点移到远处,直到不存在切点的极限情况,即"不适定情况"发生。

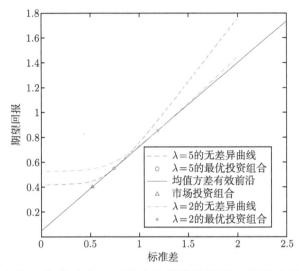

图 1.2　随着 λ 值的减少,正状态的最优投资组合沿着有效前沿上移

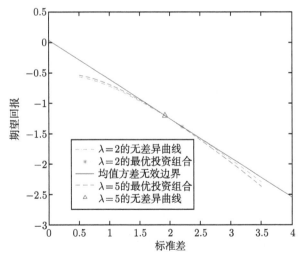

图 1.3　随着 λ 值的减少,负状态的最优投资组合沿着无效边界下移

本书的两基金分离结果与现有文献研究一致 (Pirvu and Schulze, 2012; Levy et al., 2012)。下面将总结其差异和相似之处。Pirvu 和 Schulze

(2012) 推导了一个 PT 型投资者的单期最优投资组合的半解析解，并在此基础上进一步建立了单期情形下椭圆分布族内的两基金分离。本书利用推导出的（分片）线性反馈机制，将结果推广到了多期情况。Levy 等 (2012) 通过使用一阶随机占优 (FSD) 和前景随机占优 (PSD)，巧妙地证明了在 CPT 框架中分离定理是完整的。本书通过明确求解多期投资组合优化问题，证明了两基金分离结果，从而可以详细说明 S 型效用对最优投资组合头寸的影响。此外，本书通过引入偏差作为一个新的状态变量，明确地分为两种情况讨论：正状态（先验收益状态）和负状态（先验损失状态）。这两种不同状态的人有不同的风险态度，因此对市场基金要求的比例也不同。

1.5　数　值　分　析

由于定理 1.2（或定理 1.4）的最优 PT 型策略是半显式的，它涉及两个未知常数 $\hat{K}_t$ 和 $\tilde{K}_t$ （$\hat{k}_t$ 和 $\tilde{k}_t$）的计算，因此，本节补充一些数值分析以进一步研究最优策略的性质。如前所述，在椭圆分布下单个风险资产的情况和多个风险资产的情况之间没有本质的区别。因此，本书将只研究单个风险资产的情况。Berkelaar 等 (2004) 在连续时间设定下考虑最优行为投资组合选择，并在实证研究中讨论了两个特定市场。为了进行比较，本书借用 Berkelaar 等 (2004) 设定的两个市场作为基准市场：市场 1 和市场 2，并进一步通过改变市场参数来研究最优策略的敏感性。参数设置详见表 1.2 左侧。

例 1.2　考虑一个三期 $(T = 3)$ 投资组合优化问题，市场上只有两类资产：一个无风险资产和一个有风险的股票。股票回报可以服从任意分布。为简单起见，假设它们服从正态分布，且是独立同分布的。[①] 两个具有相同初始财富 W_0 的 PT 型投资者在两个不同的基准市场

---

① 对于其他分布，结果类似，篇幅所限，不再赘述。

$(r^f, \mu, \sigma) = (4.08\%, 0.039, 0.22)$ 和 $(r^f, \mu, \sigma) = (4\%, 0.014, 0.2)$ 分别进行交易, 其中, r^f 为年化的无风险回报, μ 和 σ 为股票年化超额回报的均值和方差。他们的总投资期限都为一年, 在每期期初, 即在时刻 $t = 0, 1, 2$, 他们有 3 次机会重新分配他们的股票头寸。此外, 设定 $\alpha = 0.88$ 和 $\lambda = 2.25$。

表 1.2 最优系数 $\widehat{K}_t$ 和 $\widetilde{K}_t$

		r^f	μ	σ	$\widehat{K}_0$	$\widehat{K}_1$	$\widehat{K}_2$	$\widetilde{K}_0$	$\widetilde{K}_1$	$\widetilde{K}_2$
市场 1	基准	0.0408	0.039	0.22	3.59	3.49	3.43	-12.30	-9.90	-8.77
	高回报	0.0408	0.054	0.22	4.83	4.26	3.99	-41.35	-13.81	-10.38
	低回报	0.0408	0.024	0.22	2.79	2.79	2.80	-8.31	-7.80	-7.46
	镜像	0.0408	-0.039	0.22	-3.59	-3.49	-3.43	12.30	9.90	8.77
	高波动	0.0408	0.039	0.39	1.49	1.50	1.51	-4.46	-4.23	-4.08
市场 2	基准	0.04	0.014	0.2	2.47	2.49	2.52	-7.88	-7.67	-7.51
	高回报	0.04	0.02	0.2	2.97	2.98	2.99	-8.86	-8.40	-8.08
	低回报	0.04	0.008	0.2	1.59	1.61	1.64	-7.08	-7.01	-6.95
	镜像	0.04	-0.014	0.2	-2.47	-2.49	-2.52	7.88	7.67	7.51
	高波动	0.04	0.014	0.37	0.80	0.81	0.82	-3.75	-3.72	-3.69

注意, 两位投资者的参考水平 $B_i(i = 1, 2)$ 可以任意给定。为了区别, 假设投资者 1 有一个激进的参考水平, 即 $B_1 > \rho_0 W_0$, 投资者 1 将采用最优策略 $u_0^* = \widehat{K}_0 y_0$。假设投资者 2 有一个保守的参考水平, 即 $B_2 < \rho_0 W_0$, 投资者 2 将采用最优策略 $u_0^* = \widetilde{K}_0 y_0$。随着时间的推移, 这两位投资者将观察他们当前的状态 $y_t^i = \rho_t W_t - B$, 然后根据最优系数 $\widehat{K}_t$ 或 $\widetilde{K}_t$ 调整他们在股票上的风险头寸。图 1.4 和图 1.5 的线条分别表示基准市场 1 和基准市场 2 的最优系数。虚线表示正状态 $y_t > 0$, 实线对应负状态 $y_t < 0$。值得注意的是, 同一个投资者的最优策略并不总是保持在同一条线上, 根据状态 y_t 的符号, 它们在虚线和实线之间跳转。以激进的投资者 1 为例, 在 0 时刻, 他从虚线开始, 然后在 1 时刻, 如果已实现的市场很糟糕使得他的当前状态 y_1 变为负, 那么他会

跳到实线。

保持其他参数不变，将 μ 设为负值会产生一个镜像市场。图 1.4（图 1.5）的带棱形线条表示镜像市场 1（镜像市场 2）的最优系数。同样，带棱形虚线对应正状态 $y_t > 0$，带棱形实线对应负状态 $y_t < 0$。由图 1.4 和图 1.5 可以看到，镜像市场对应的最优系数是对称的，因此最优的股票持有量也是对称的。

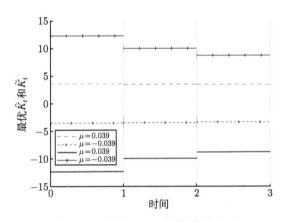

图 1.4　市场 1 及其镜像市场

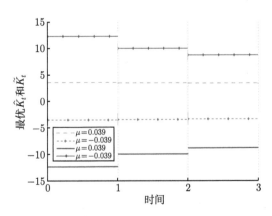

图 1.5　市场 2 及其镜像市场

保持其他参数不变，在图 1.6 和图 1.7 中，μ 的减少（点划线）缩小了最优 $\widehat{K}_t$ 和 $\widetilde{K}_t$ 的绝对水平；与此同时，μ 的增加（虚线）使最优

$\widehat{K}_t$ 和 $\widetilde{K}_t$ 的绝对水平增加。直觉上很容易理解。增加 μ，同时保持其他参数不变，意味着股市变得更好，投资者自然希望在股票中持有更大的头寸。此外，如果本书不断增加 μ，最终会出现超过适定性阈值水平的情况，因此，最优的 $\widehat{K}_t$ 和 $\widetilde{K}_t$ 的水平将趋于无穷。

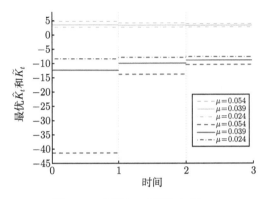

图 1.6　不同 μ 下的市场 1

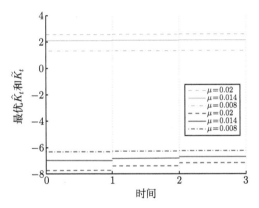

图 1.7　不同 μ 下的市场 2

　　保持其他参数不变，在图 1.8 和图 1.9 中，σ 的增加（虚线）会缩小最优 $\widehat{K}_t$ 和 $\widetilde{K}_t$ 的绝对水平。增加 σ，意味着股市会变得更糟，投资者自然希望对股票持有更少的头寸。

　　除此之外，最优系数的绝对水平，特别是 $\widetilde{K}_t$（表 1.2），总是呈如下趋势：从较大数字开始，然后随着时间的推移而逐渐减小。换句话说，最优股票持有量通常随着时间的推移而减少，这一结果与时间分散理论相一致。

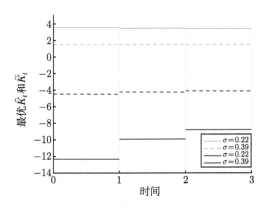

图 1.8 不同 σ 的市场 1

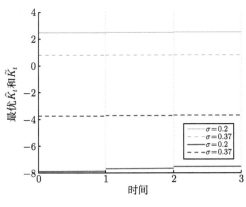

图 1.9 不同 σ 的市场 2

综上所述，PT 型投资者的最优策略具有以下特点：① 镜像市场对应于镜像持股；② 最优股票持有量的绝对水平随着 μ 的增加而增加；③ 最优股票持有量的绝对水平随着 σ 的增加而下降；④ 在初始阶段，PT 型投资者倾向于在股票上持有大胆的头寸。随着时间的推移，根据不同的已实现状态，$y_t = \rho_t W_t - B$，PT 型投资者对其股票仓位的调整不同，遵循定理 1.2 所示的分段线性反馈策略。

1.6　　结　　论

现有的关于行为投资组合优化问题的文献，都围绕着开发新的方法处理前景理论带来的新的数学挑战，然后致力于讨论前景理论和期望效用理论在解释投资者行为上的不同表现。本章最重要的发现是，具有 S 型价值函数的 PT 型投资者仍然采用（分段）线性反馈策略。Bertsekas (1987) 发现传统 CRRA 型投资者的最优策略是线性反馈的，PT 型投资者的最优策略是分片线性的。此外，本书还证明了对于椭圆分布下的 S 型效用函数，两基金分离结果仍然成立。在多风险资产的情况下，处于正状态或负状态的投资者会根据不同的最优系数对市场投资组合分配不同的比例。

本章的第二个贡献是将行为投资组合优化模型中可解的范畴扩展到多期模型。对于单个风险资产和呈椭圆分布的多个风险资产的情况，在讨论了适定性问题的条件后，本书完全推导出了半显式最优策略。此外，本书还证明了多期投资组合优化问题的适定性可以用一个诱导出的损失厌恶测度来表征。此外，诱导出的损失厌恶测度的单调性有助于理解长期存在的期限效应。

1.7　　附　　录

1.7.1　命题 1.1 的证明

证明　由于 $U_{\pm}(x)$ 是递增和凹的，有

$$\frac{U_{\pm}(u_{T-1}s + y_{T-1})}{U_{\pm}(u_{T-1})} < \max\left\{1, s + \frac{y_{T-1}}{u_{T-1}}\right\}$$

当 PT 型投资者持有无限正头寸时，即

$$\lim_{u_{T-1}\to+\infty} H(u_{T-1})$$

$$= \lim_{u_{T-1} \to +\infty} \int_0^{+\infty} U_+(u_{T-1}) \cdot \frac{U_+(u_{T-1}s + y_{T-1})}{U_+(u_{T-1})} dF_{T-1}(s)$$

$$- \lim_{u_{T-1} \to +\infty} \int_{-\infty}^0 U_-(u_{T-1}) \cdot \frac{U_-(-u_{T-1}s - y_{T-1})}{U_-(u_{T-1})} dF_{T-1}(s)$$

$$= \lim_{u_{T-1} \to +\infty} \int_0^{+\infty} U_+(u_{T-1}) \cdot g_+(s) dF_{T-1}(s)$$

$$- \lim_{u_{T-1} \to +\infty} \int_{-\infty}^0 U_-(u_{T-1}) \cdot g_-(-s) dF_{T-1}(s)$$

$$= \lim_{u_{T-1} \to +\infty} U_+(u_{T-1})(a_{T-1} - \lambda \cdot b_{T-1})$$

$$= -\infty$$

其中，推导第二个等号时用到控制收敛定理和 $\lim_{u_{T-1} \to +\infty} \frac{U_+(u_{T-1}s + y_{T-1})}{U_+(u_{T-1})} = g_+(s)$ 以及 $\lim_{u_{T-1} \to +\infty} \frac{U_-(-u_{T-1}s - y_{T-1})}{U_-(u_{T-1})} = g_-(-s)$，推导第四个等号时用到 $\lambda > a_{T-1}/b_{T-1}$。类似地，在条件 $\lambda > b_{T-1}/a_{T-1}$ 下，可以证明 $\lim_{u_{T-1} \to -\infty} H(u_{T-1}) = -\infty$。 $\square$

1.7.2　命题 1.4 证明中使用的引理

对于任意 $\boldsymbol{u}_t \in \mathbb{R}^n, ||\boldsymbol{u}_t||_2 = 1$，令 $t = \frac{s - \bar{\mu}}{\bar{\sigma}}$，式 (1.21) 和式 (1.22) 的 $a_t^{\boldsymbol{u}}$ 和 $b_t^{\boldsymbol{u}}$ 可以改写为

$$a_t^{\boldsymbol{u}} = \int_0^{+\infty} (s)^\alpha \bar{\sigma}^{-1} G((s - \bar{\mu})^2/\bar{\sigma}^2) \, ds$$
$$= \int_{-\bar{\mu}/\bar{\sigma}}^{+\infty} (\bar{\mu} + \bar{\sigma}t)^\alpha G(t^2) \, dt \tag{1.31}$$
$$b_t^{\boldsymbol{u}} = \int_{-\infty}^0 (-s)^\alpha \bar{\sigma}^{-1} G((s - \bar{\mu})^2/\bar{\sigma}^2) \, ds$$
$$= \int_{-\infty}^{-\bar{\mu}/\bar{\sigma}} (-\bar{\mu} - \bar{\sigma}t)^\alpha G(t^2) \, dt$$

$$= \int_{\bar{\mu}/\bar{\sigma}}^{+\infty} (-\bar{\mu} + \bar{\sigma}t)^{\alpha} G(t^2) \, dt \qquad (1.32)$$

其中, $\bar{\mu} = \boldsymbol{\mu}^{\mathrm{T}} \boldsymbol{u}_t$ 和 $\bar{\sigma}^2 = \boldsymbol{u}_t^{\mathrm{T}} \boldsymbol{\Sigma} \boldsymbol{u}_t$ 为投资组合 $D(\boldsymbol{u}_t)$ 对应的均值和方差。

引理 1.2　函数 $\bar{\mu} \to a_t^u(\bar{\mu}, \cdot)$ 对于任何给定的 $\bar{\sigma}$ 都是严格递增的。

证明　注意到 $a_t^u = \int_{-\bar{\mu}/\bar{\sigma}}^{+\infty} (\bar{\mu} + \bar{\sigma}t)^{\alpha} G(t^2) \, dt$。被积函数严格为正, 而且 $(\bar{\mu} + \bar{\sigma}t)^{\alpha}$ 随着 $\bar{\mu}$ 的增加而递增, 积分范围也随着 $\bar{\mu}$ 的增加而增加。因此, 对于任何给定的 $\bar{\sigma}$, $a_t^u(\bar{\mu}, \cdot)$ 关于 $\bar{\mu}$ 严格递增。　　　　□

引理 1.3　对于函数 $\bar{\sigma} \to a_t^u(\cdot, \bar{\sigma})$, 有两种情形:

情形 1　当 $\bar{\mu} \leqslant 0$ 时, 函数 $\bar{\sigma} \to a_t^u(\cdot, \bar{\sigma})$ 严格递增;

情形 2　当 $\bar{\mu} > 0$ 时, $a_t^u(\cdot, \bar{\sigma})$ 可以改写为两个函数之和:

$$a_t^u(\cdot, \bar{\sigma}) = \int_0^{+\infty} (\bar{\mu} + \bar{\sigma}t)^{\alpha} G(t^2) \, dt + \int_{-\bar{\mu}/\bar{\sigma}}^0 (\bar{\mu} + \bar{\sigma}t)^{\alpha} G(t^2) \, dt \triangleq a_t^{\mathrm{I}} + a_t^{\mathrm{II}}$$

对于 $\bar{\sigma}$, 第一个函数递增, 第二个函数递减。

证明　注意到 $a_t^u = \int_{-\bar{\mu}/\bar{\sigma}}^{+\infty} (\bar{\mu} + \bar{\sigma}t)^{\alpha} G(t^2) \, dt$。当 $\bar{\mu} \leqslant 0$ 时, 被积函数严格为正, 而且 $(\bar{\mu} + \bar{\sigma}t)^{\alpha}$ 随着 $\bar{\sigma}$ 的增加而递增, 积分范围也随着 $\bar{\sigma}$ 的增加而增加。因此, 对于任何给定的 $\bar{\mu} \leqslant 0$ 时, $a_t^u(\cdot, \bar{\sigma})$ 都关于 $\bar{\sigma}$ 严格递增。当 $\bar{\mu} > 0$ 时, 第一个函数 a_t^{I} 随着 $\bar{\sigma}$ 的增加而增加, 第二个函数 a_t^{II} 随着 $\bar{\sigma}$ 的增加而减少。　　　　□

类似地, 有以下关于 b_t^u 的单调性质。

引理 1.4　函数 $\bar{\mu} \to b_t^u(\bar{\mu}, \cdot)$ 对于任何给定的 $\bar{\sigma}$ 都是严格递减的。

引理 1.5　对于函数 $\bar{\sigma} \to b_t^u(\cdot, \bar{\sigma})$ 有两种情况:

情形 1　当 $\bar{\mu} \geqslant 0$ 时, 函数 $\bar{\sigma} \to b_t^u(\cdot, \bar{\sigma})$ 严格递增;

情形 2　当 $\bar{\mu} < 0$ 时, b_t^u 可以改写为两个函数之和:

$$b_t^u = \int_0^{+\infty} (-\bar{\mu} + \bar{\sigma}t)^{\alpha} G(t^2) \, dt + \int_{\bar{\mu}/\bar{\sigma}}^0 (-\bar{\mu} + \bar{\sigma}t)^{\alpha} G(t^2) \, dt \triangleq b_t^{\mathrm{I}} + b_t^{\mathrm{II}}$$

对于 $\bar{\sigma}$，第一个函数递增，第二个函数递减。

1.7.3　命题 1.4 的证明

对于任意的 $\boldsymbol{u}_t \in \mathbb{R}^n, \|\boldsymbol{u}_t\|_2 = 1$，令 $t = \dfrac{s - \bar{\mu}}{\bar{\sigma}}$，式 (1.21) 和式 (1.22) 中的 a_t^u 和 b_t^u 可以改写为式 (1.31) 和式 (1.32)。可以证明，对于椭圆分布只有如下两种情形成立：

情形 1　$a_t^u = +\infty, b_t^u = +\infty$；

情形 2　$a_t^u < +\infty, b_t^u < +\infty$。

对于给定的 $\boldsymbol{u}_t$，$\{a_t^u, b_t^u\}$ 属于上述哪一种情况，完全依赖于 $G(\cdot)$ 的函数形式，这是因为式 (1.31) 和式 (1.32) 中的积分依赖于 $G(\cdot)$ 的函数形式。例如，对于正态分布，$G(x) = \mathrm{e}^{-x/2}$，$\{a_t^u, b_t^u\}$ 属于情形 2 中的形式。对于学生 t 分布，$G(x) = (1 + x/m)^{-(1+m)/2}$，$\{a_t^u, b_t^u\}$ 属于哪种情形取决于自由度 m。本书进一步具体到每种情形来证明此命题。

对于情形 1，有

$$
\frac{a_t^u}{b_t^u} = \lim_{x \to +\infty} \frac{\displaystyle\int_{-\frac{\bar{\mu}}{\bar{\sigma}}}^{x} (\bar{\mu} + \bar{\sigma}t)^\alpha G(t^2)\, \mathrm{d}t}{\displaystyle\int_{\frac{\bar{\mu}}{\bar{\sigma}}}^{x} (-\bar{\mu} + \bar{\sigma}t)^\alpha G(t^2)\, \mathrm{d}t}
$$

$$
= \lim_{x \to +\infty} \frac{(\bar{\mu} + \bar{\sigma}x)^\alpha G(x^2)}{(-\bar{\mu} + \bar{\sigma}x)^\alpha G(x^2)} = 1
$$

进而，有 $\max\left(\dfrac{a_t^u}{b_t^u}, \dfrac{b_t^u}{a_t^u}\right) = 1$，因此，$\eta_t = 1$，是有限的。

对于情形 2，为了证明 η_t 是有限的，本书只需要证明 a_t^u 和 b_t^u 是有界的，即

$$
\sup \{a_t^u, \ \forall\, \boldsymbol{u}_t \in \mathbb{R}^n, \|\boldsymbol{u}_t\|_2 = 1\} < A_1
$$

$$
\inf \{a_t^u, \ \forall\, \boldsymbol{u}_t \in \mathbb{R}^n, \|\boldsymbol{u}_t\|_2 = 1\} > A_2 > 0
$$

$$
\sup \{b_t^u, \ \forall\, \boldsymbol{u}_t \in \mathbb{R}^n, \|\boldsymbol{u}_t\|_2 = 1\} < A_3
$$

$$\inf\{b_t^u, \ \forall \ \boldsymbol{u}_t \in \mathbb{R}^n, \|\boldsymbol{u}_t\|_2 = 1\} > A_4 > 0$$

其中，A_1, A_2, A_3, A_4 是与 $\boldsymbol{u}_t$ 无关的常数。

为了计算这些边界 A_1, A_2, A_3, A_4，本书分两步走。第一步，给出集合 $\{\boldsymbol{u}_t \in \mathbb{R}^n, \|\boldsymbol{u}_t\|_2 = 1\}$ 内所有 $\boldsymbol{u}_t$ 的 $\bar{\mu}$ 和 $\bar{\sigma}^2$ 的边界。第二步，依赖引理 1.2 ~ 引理 1.5，求出 a_t^u 和 b_t^u 的边界。

现在，开始第一步。因为 $\bar{\mu} = \mu^{\mathrm{T}} \boldsymbol{u}_t$，然后根据柯西-施瓦茨不等式，有 $|\bar{\mu}| \leqslant \|\mu\|_2 \|\boldsymbol{u}_t\|_2 = \|\mu\|_2$。通过定义 $\bar{\mu}_{\min} = -\|\mu\|_2$ 和 $\bar{\mu}_{\max} = \|\mu\|_2$，有 $\bar{\mu} \in [\bar{\mu}_{\min}, \bar{\mu}_{\max}]$。然后，不难证明 $\bar{\sigma}^2 \in [\lambda_{\min}(\boldsymbol{\Sigma}), \lambda_{\max}(\boldsymbol{\Sigma})]$，即矩阵 $\boldsymbol{\Sigma}$ 的最小和最大特征值构成了 $\bar{\sigma}^2$ 的下界和上界。因为 $\bar{\sigma}^2 = \boldsymbol{u}_t^{\mathrm{T}} \boldsymbol{\Sigma} \boldsymbol{u}_t$，然后根据子可乘性，本书有 $|\bar{\sigma}^2| \leqslant \|\boldsymbol{u}_t\|_2 \cdot \|\boldsymbol{\Sigma}\| \cdot \|\boldsymbol{u}_t\|_2 = \|\boldsymbol{\Sigma}\|$，其中 $\|\boldsymbol{\Sigma}\|$ 是谱范数，$\|\boldsymbol{\Sigma}\| = \max_{\{\boldsymbol{x} \in \mathbb{R}^n : \|\boldsymbol{x}\|_2 = 1\}} \|\boldsymbol{\Sigma}\boldsymbol{x}\|_2$。然后，$\bar{\sigma}_{\max}^2 = \lambda_{\max}(\boldsymbol{\Sigma})$。设 $\bar{\sigma}_{\min}^2$ 为下述优化问题的最优目标：

$$\min \quad \boldsymbol{u}_t^{\mathrm{T}} \boldsymbol{\Sigma} \boldsymbol{u}_t$$
$$\text{s.t.} \quad \boldsymbol{u}_t \in \mathbb{R}^n$$
$$\|\boldsymbol{u}_t\|_2 = 1$$

因此，$\bar{\sigma}_{\min}^2 = \lambda_{\min}(\boldsymbol{\Sigma})$。

现在，开始第二步。根据引理 1.2 和引理 1.3 中 $a_t^u(\bar{\mu}, \bar{\sigma})$ 的单调性质，本书有下面关于 a_t^u 的界限。对于给定的 $\bar{\sigma}$，

$$a_t^u \in [a_t^u(\bar{\mu}_{\min}), a_t^u(\bar{\mu}_{\max})]$$
$$= \left[\int_{-\bar{\mu}_{\min}/\bar{\sigma}}^{+\infty} (\bar{\mu}_{\min} + \bar{\sigma}t)^{\alpha} G(t^2) \, \mathrm{d}t, \int_{-\bar{\mu}_{\max}/\bar{\sigma}}^{+\infty} (\bar{\mu}_{\max} + \bar{\sigma}t)^{\alpha} G(t^2) \, \mathrm{d}t \right]$$

对于给定的 $\bar{\mu} \leqslant 0$，

$$a_t^u \in [a_t^u(\bar{\sigma}_{\min}), a_t^u(\bar{\sigma}_{\max})]$$

$$= \left[\int_{-\bar{\mu}/\bar{\sigma}_{\min}}^{+\infty} (\bar{\mu} + \bar{\sigma}_{\min}t)^{\alpha} G(t^2) \, \mathrm{d}t, \int_{-\bar{\mu}/\bar{\sigma}_{\max}}^{+\infty} (\bar{\mu} + \bar{\sigma}_{\max}t)^{\alpha} G(t^2) \, \mathrm{d}t \right]$$

对于给定的 $\bar{\mu} > 0$,

$$a_t^u \in \left[a_t^{\mathrm{I}}(\bar{\sigma}_{\min}) + a_t^{\mathrm{II}}(\bar{\sigma}_{\max}), a_t^{\mathrm{I}}(\bar{\sigma}_{\max}) + a_t^{\mathrm{II}}(\bar{\sigma}_{\min}) \right]$$

$$= \left[\int_0^{+\infty} (\bar{\mu} + \bar{\sigma}_{\min}t)^{\alpha} G(t^2) \, \mathrm{d}t + \int_{-\bar{\mu}/\bar{\sigma}_{\max}}^0 (\bar{\mu} + \bar{\sigma}_{\max}t)^{\alpha} G(t^2) \, \mathrm{d}t, \right.$$

$$\left. \int_0^{+\infty} (\bar{\mu} + \bar{\sigma}_{\max}t)^{\alpha} G(t^2) \, \mathrm{d}t + \int_{-\bar{\mu}/\bar{\sigma}_{\min}}^0 (\bar{\mu} + \bar{\sigma}_{\min}t)^{\alpha} G(t^2) \, \mathrm{d}t \right]$$

总之，对于 a_t^u 本书有如下的界限：

情形 1　对于 $\bar{\mu} \leqslant 0, \bar{\sigma} > 0$, 令 $\bar{\mu}_{\max} = 0$,

$$A_2 = \int_{-\bar{\mu}_{\min}/\bar{\sigma}_{\min}}^{+\infty} (\bar{\mu}_{\min} + \bar{\sigma}_{\min}t)^{\alpha} G(t^2) \, \mathrm{d}t > 0$$

$$A_1 = \int_0^{+\infty} (\bar{\sigma}_{\max}t)^{\alpha} G(t^2) \, \mathrm{d}t > 0$$

情形 2　对于 $\bar{\mu} > 0, \bar{\sigma} > 0$, 令 $\bar{\mu}_{\min} = 0$,

$$A_2 = \int_0^{+\infty} (\bar{\sigma}_{\min}t)^{\alpha} G(t^2) \, \mathrm{d}t > 0$$

$$A_1 = \int_0^{+\infty} (\bar{\mu}_{\max} + \bar{\sigma}_{\max}t)^{\alpha} G(t^2) \, \mathrm{d}t$$

$$+ \int_{-\bar{\mu}_{\max}/\bar{\sigma}_{\min}}^0 (\bar{\mu}_{\max} + \bar{\sigma}_{\min}t)^{\alpha} G(t^2) \, \mathrm{d}t > 0$$

根据引理 1.4 和引理 1.5 中 $b_t^u(\bar{\mu}, \bar{\sigma})$ 的单调性质，可以给出 b_t^u 的边界。对于给定的 $\bar{\sigma}$,

$$b_t^u \in \left[b_t^u(\bar{\mu}_{\max}), b_t^u(\bar{\mu}_{\min}) \right]$$

$$= \left[\int_{\bar{\mu}_{\max}/\bar{\sigma}}^{+\infty} (-\bar{\mu}_{\max} + \bar{\sigma}t)^{\alpha} G(t^2) \, dt, \int_{\bar{\mu}_{\min}/\bar{\sigma}}^{+\infty} (-\bar{\mu}_{\min} + \bar{\sigma}t)^{\alpha} G(t^2) \, dt \right]$$

对于给定的 $\bar{\mu} \geqslant 0$,

$$b_t^u \in [b_t^u(\bar{\sigma}_{\min}), b_t^u(\bar{\sigma}_{\max})]$$

$$= \left[\int_{\bar{\mu}/\bar{\sigma}_{\min}}^{+\infty} (-\bar{\mu} + \bar{\sigma}_{\min}t)^{\alpha} G(t^2) \, dt, \int_{\bar{\mu}/\bar{\sigma}_{\max}}^{+\infty} (-\bar{\mu} + \bar{\sigma}_{\max}t)^{\alpha} G(t^2) \, dt \right]$$

对于给定的 $\bar{\mu} < 0$,

$$b_t^u \in \left[b_t^{\mathrm{I}}(\bar{\sigma}_{\min}) + b_t^{\mathrm{II}}(\bar{\sigma}_{\max}), b_t^{\mathrm{I}}(\bar{\sigma}_{\max}) + b_t^{\mathrm{II}}(\bar{\sigma}_{\min}) \right]$$

$$= \left[\int_0^{+\infty} (-\bar{\mu} + \bar{\sigma}_{\min}t)^{\alpha} G(t^2) \, dt + \int_{\bar{\mu}/\bar{\sigma}_{\max}}^0 (-\bar{\mu} + \bar{\sigma}_{\max}t)^{\alpha} G(t^2) \, dt, \right.$$

$$\left. \int_0^{+\infty} (-\bar{\mu} + \bar{\sigma}_{\max}t)^{\alpha} G(t^2) \, dt + \int_{\bar{\mu}/\bar{\sigma}_{\min}}^0 (-\bar{\mu} + \bar{\sigma}_{\min}t)^{\alpha} G(t^2) \, dt \right]$$

总之, 本书有下述关于 b_t^u 的界限:

情形 1　对于 $\bar{\mu} \geqslant 0, \bar{\sigma} > 0$, 令 $\bar{\mu}_{\min} = 0$,

$$A_4 = \int_{\bar{\mu}_{\max}/\bar{\sigma}_{\min}}^{+\infty} (-\bar{\mu}_{\max} + \bar{\sigma}_{\min}t)^{\alpha} G(t^2) \, dt > 0$$

$$A_3 = \int_0^{+\infty} (\bar{\sigma}_{\max}t)^{\alpha} G(t^2) \, dt > 0$$

情形 2　对于 $\bar{\mu} < 0, \bar{\sigma} > 0$, 令 $\bar{\mu}_{\max} = 0$,

$$A_4 = \int_0^{+\infty} (\bar{\sigma}_{\min}t)^{\alpha} G(t^2) \, dt > 0$$

$$A_3 = \int_0^{+\infty} (-\bar{\mu}_{\min} + \bar{\sigma}_{\max}t)^{\alpha} G(t^2) \, dt$$

$$+ \int_{\bar{\mu}_{\min}/\bar{\sigma}_{\min}}^0 (-\bar{\mu}_{\min} + \bar{\sigma}_{\min}t)^{\alpha} G(t^2) \, dt > 0$$

□

1.7.4　定理 1.3 的证明

证明　只证明 $t = T - 1$ 时刻的结果已经足够完成证明。任何可行的投资组合 $\boldsymbol{u}_{T-1}$ 都可以归一化为 n 维球面表面上的一个单位向量,即 $\boldsymbol{u}_{T-1} = c\boldsymbol{\gamma}_{T-1}$,其中 $c = \|\boldsymbol{u}_{T-1}\|_2$ 是 $\boldsymbol{u}_{T-1}$ 的 $\mathbb{L}_2$ 范数,$\|\boldsymbol{\gamma}_{T-1}\|_2 = 1$。用 $F_{T-1}^{\gamma}(\cdot)$ 表示 $\boldsymbol{\gamma}_{T-1}$ 的累积分布函数。

因为 $W_T - B = y_{T-1} + \boldsymbol{e}_{T-1}^{\mathrm{T}} \boldsymbol{u}_{T-1} = y_{T-1} + c\boldsymbol{e}_{T-1}^{\mathrm{T}} \boldsymbol{\gamma}_{T-1}$,通过 S 型价值函数来评估终端财富 W_T,目标函数可以写成 $D(\boldsymbol{u}_{T-1}) = \boldsymbol{e}_{T-1}^{\mathrm{T}} Y_{T-1}$ 的函数,式 (1.25) 变为 $H(D(\boldsymbol{u}_{T-1}))$。当 PT 型投资者持有无限大头寸(多头或空头头寸)时,即

$$\lim_{\|\boldsymbol{u}_{T-1}\|_2 \to +\infty} H(D(\boldsymbol{u}_{T-1}))$$

$$= \lim_{c \to +\infty} H(D(\boldsymbol{u}_{T-1}))$$

$$= \lim_{c \to +\infty} \int_0^{+\infty} U_+(c) \cdot \frac{U_+(cs + y_{T-1})}{U_+(c)} \mathrm{d}F_{T-1}^{\gamma}(s)$$

$$- \lim_{c \to +\infty} \int_{-\infty}^0 U_-(c) \cdot \frac{U_-(-cs - y_{T-1})}{U_-(c)} \mathrm{d}F_{T-1}^{\gamma}(s)$$

$$= \lim_{c \to +\infty} \int_0^{+\infty} U_+(c) \cdot g_+(s) \mathrm{d}F_{T-1}^{\gamma}(s)$$

$$- \lim_{c \to +\infty} \int_{-\infty}^0 U_-(c) \cdot g_-(-s) \mathrm{d}F_{T-1}^{\gamma}(s)$$

$$= \lim_{c \to +\infty} U_+(c) \left(a_{T-1}^{\gamma} - \lambda \cdot b_{T-1}^{\gamma}\right)$$

$$= -\infty$$

第三个等号是由于

$$\frac{U_{\pm}(cs + y_{T-1})}{U_{\pm}(c)} < \max\left\{1, s + \frac{y_{T-1}}{c}\right\}$$

由控制收敛定理，第四个等号是由于

$$\lim_{c \to +\infty} \frac{U_+(cs + y_{T-1})}{U_+(c)} = g_+(s)$$

$$\lim_{c \to +\infty} \frac{U_-(-cs - y_{T-1})}{U_-(c)} = g_-(-s)$$

第五个等号是由于 $\lambda > a_{T-1}^{\gamma}/b_{T-1}^{\gamma}$。　　　　　　　　　　　　　　□

1.7.5　定理 1.4 证明中使用的引理

引理 1.6　式 (1.26) 中的函数 $\bar{\mu} \to v(\bar{\mu}, \cdot)$ 严格递增，式 (1.27) 中的函数 $\bar{\mu} \to q(\bar{\mu}, \cdot)$ 严格递减。

证明　令 $y = (x - \bar{\mu})/\bar{\sigma}$，表达式 (1.26) 中的函数 v 可以改写为

$$v(\bar{\mu}, \bar{\sigma})$$

$$= \int_{\frac{-1-\bar{\mu}}{\bar{\sigma}}}^{+\infty} (1 + \bar{\mu} + \bar{\sigma}y)^\alpha \theta(y)\mathrm{d}y - \lambda \int_{-\infty}^{\frac{-1-\bar{\mu}}{\bar{\sigma}}} (-1 - \bar{\mu} - \bar{\sigma}y)^\alpha \theta(y)\mathrm{d}y$$

$$\triangleq f_1(\bar{\mu}, \bar{\sigma}) - \lambda\, f_2(\bar{\mu}, \bar{\sigma})$$

本书通过展示 $\bar{\mu} \to f_1(\bar{\mu}, \cdot)$ 严格递增和 $\bar{\mu} \to f_2(\bar{\mu}, \cdot)$ 严格递减来证明 $v_{\bar{\mu}} > 0$。由于被积函数中的 $(1 + \bar{\mu} + \bar{\sigma}y)^\alpha$ 和 $\theta(y)$ 严格为正，$(1 + \bar{\mu} + \bar{\sigma}y)^\alpha$ 随着 $\bar{\mu}$ 的增加而递增，积分范围是递增的，因为积分下界 $\dfrac{-1 - \bar{\mu}}{\bar{\sigma}}$ 关于 $\bar{\mu}$ 严格递减，因此，函数 $f_1(\bar{\mu}, \bar{\sigma})$ 关于 $\bar{\mu}$ 严格递增。同样地，可以证明函数 $f_2(\bar{\mu}, \bar{\sigma})$ 关于 $\bar{\mu}$ 严格递减。

类似地，令 $y = (x - \bar{\mu})/\bar{\sigma}$，表达式 (1.27) 中的函数 q 可以改写为

$$q(\bar{\mu}, \bar{\sigma})$$

$$= \int_{-\infty}^{\frac{-1-\bar{\mu}}{\bar{\sigma}}} (-1 - \bar{\mu} - \bar{\sigma}y)^\alpha \theta(y)\mathrm{d}y - \lambda \int_{\frac{-1-\bar{\mu}}{\bar{\sigma}}}^{+\infty} (1 + \bar{\mu} + \bar{\sigma}y)^\alpha \theta(y)\mathrm{d}y$$

$$\triangleq f_2(\bar{\mu}, \bar{\sigma}) - \lambda\, f_1(\bar{\mu}, \bar{\sigma})$$

因为 $\bar{\mu} \to f_1(\bar{\mu},\cdot)$ 严格递增，$\bar{\mu} \to f_2(\bar{\mu},\cdot)$ 严格递减，所以 $q(\bar{\mu},\bar{\sigma})$ 关于 μ 是严格递增的。   □

1.7.6   定理 1.4 的证明

证明   只证明 $t = T-1$ 时刻的结果。证明该定理需要三个步骤。首先，证明非奇异情况下的最优投资组合的形式如下：

$$
\boldsymbol{u}_{T-1}^* = \begin{cases} \widehat{\boldsymbol{K}}_{T-1} y_{T-1}, & y_{T-1} > 0 \\ \widetilde{\boldsymbol{K}}_{T-1} y_{T-1}, & y_{T-1} < 0 \end{cases}
$$

其中，$\widehat{\boldsymbol{K}}_{T-1}$ 和 $\widetilde{\boldsymbol{K}}_{T-1}$ 是两个 n 维常数向量。其次，证明最优向量 $\widehat{\boldsymbol{K}}_{T-1}$ 和 $\widetilde{\boldsymbol{K}}_{T-1}$ 相对于市场投资组合 $\boldsymbol{\xi}_M$ 都呈线性形式。最后，证明在 $y_{T-1} = 0$ 的奇异情况下，最优投资组合是零向量，即 $\boldsymbol{u}_{T-1}^* = \boldsymbol{0}$。

下面开始第一步。令 $\boldsymbol{u}_{T-1} = \boldsymbol{K}_{T-1} y_{T-1}$，考虑子问题

$$
(\mathrm{P}^{T-1}) \quad \max_{\boldsymbol{u}_{T-1}} \mathbb{E}_{T-1} \left((W_T - B)^\alpha 1_{\{W_T \geqslant B\}} - \lambda (B - W_T)^\alpha 1_{\{W_T < B\}} \right)
$$

$$
= H(P(\boldsymbol{u}_{T-1}))
$$

当 $y_{T-1} > 0$ 时，在凸域 $\boldsymbol{u}_{T-1} \in \mathbb{R}^n$ 中识别最优的 $\boldsymbol{u}_{T-1}^*$，等价于在凸域 $\boldsymbol{K}_{T-1} \in \mathbb{R}^n$ 中识别最优的 $\boldsymbol{K}_{T-1}^*$。因此有

$$
\max_{\boldsymbol{u}_{T-1}} \mathbb{E}_{T-1}(U(W_T)) = \max_{\boldsymbol{K}_{T-1}} \left\{ (y_{T-1})^\alpha h_{T-1}(\boldsymbol{K}_{T-1}) \right\}
$$

其中

$$
h_{T-1}(\boldsymbol{K}_{T-1}) \triangleq \mathbb{E}_{T-1} \bigg((1 + \boldsymbol{e}_{T-1}^{\mathrm{T}} \boldsymbol{K}_{T-1})^\alpha 1_{\{1 + \boldsymbol{e}_{T-1}^{\mathrm{T}} \boldsymbol{K}_{T-1} \geqslant 0\}}
$$

$$
- \lambda(-1 - \boldsymbol{e}_{T-1}^{\mathrm{T}} \boldsymbol{K}_{T-1})^\alpha 1_{\{1 + \boldsymbol{e}_{T-1}^{\mathrm{T}} \boldsymbol{K}_{T-1} < 0\}} \bigg)
$$

因此，最优策略是

$$
\boldsymbol{u}_{T-1}^* = \widehat{\boldsymbol{K}}_{T-1}(y_{T-1})
$$

其中

$$\widehat{\boldsymbol{K}}_{T-1} = \arg\max\ h_{T-1}$$

其独立于状态 y_{T-1}。类似地，当 $y_{T-1} < 0$ 时，本书有如下的最优策略：

$$\boldsymbol{u}_{T-1}^* = \widetilde{\boldsymbol{K}}_{T-1}(y_{T-1})$$

其中

$$\widetilde{\boldsymbol{K}}_{T-1} = \arg\max\ m_{T-1}(\boldsymbol{K}_{T-1})$$

$$
\begin{aligned}
m_{T-1}(\boldsymbol{K}_{T-1}) \triangleq \mathbb{E}_{T-1}\Big(& (-1 - \boldsymbol{e}_{T-1}^{\mathrm{T}}\boldsymbol{K}_{T-1})^\alpha 1_{\{1+\boldsymbol{e}_{T-1}^{\mathrm{T}}\boldsymbol{K}_{T-1}<0\}} \\
& - \lambda(1 + \boldsymbol{e}_{T-1}^{\mathrm{T}}\boldsymbol{K}_{T-1})^\alpha 1_{\{1+\boldsymbol{e}_{T-1}^{\mathrm{T}}\boldsymbol{K}_{T-1}\geqslant 0\}}\Big)
\end{aligned}
$$

然后，本书可以将 $h_{T-1}(\boldsymbol{K}_{T-1})$ 和 $m_{T-1}(\boldsymbol{K}_{T-1})$ 改写为投资组合均值和方差的函数：

$$
\begin{aligned}
& h_{T-1}(\boldsymbol{K}_{T-1}) \\
& \triangleq v(\bar\mu(\boldsymbol{K}_{T-1}), \bar\sigma(\boldsymbol{K}_{T-1})) \\
& = \frac{1}{\bar\sigma}\left(\int_{-1}^{+\infty} (1+x)^\alpha \theta\left(\frac{x-\bar\mu}{\bar\sigma}\right)\mathrm{d}x - \lambda \int_{-\infty}^{-1} (-1-x)^\alpha \theta\left(\frac{x-\bar\mu}{\bar\sigma}\right)\mathrm{d}x \right)
\end{aligned}
$$

$$
\begin{aligned}
& m_{T-1}(\boldsymbol{K}_{T-1}) \\
& \triangleq q(\bar\mu(\boldsymbol{K}_{T-1}), \bar\sigma(\boldsymbol{K}_{T-1})) \\
& = \frac{1}{\bar\sigma}\left(\int_{-\infty}^{-1} (-1-x)^\alpha \theta\left(\frac{x-\bar\mu}{\bar\sigma}\right)\mathrm{d}x - \lambda \int_{-1}^{+\infty} (1+x)^\alpha \theta\left(\frac{x-\bar\mu}{\bar\sigma}\right)\mathrm{d}x \right)
\end{aligned}
$$

其中，$\theta(\cdot)$ 为 $P(\boldsymbol{K}_{T-1})$ 标准化后的投资组合的概率密度函数。类似地，根据引理 1.1，本书得到函数 $v(\cdot)$ [函数 $q(\cdot)$] 相对于投资组合均值 $\bar\mu$ 是严格递增的（严格递减的）。

第二步，证明 $\widehat{\boldsymbol{K}}_{T-1} = \hat{k}_{T-1}\boldsymbol{\xi}_M$ 和 $\widetilde{\boldsymbol{K}}_{T-1} = \tilde{k}_{T-1}\boldsymbol{\xi}_M$，其中 $\hat{k}_{T-1}$ 和 $\tilde{k}_{T-1}$ 是两个标量。在适定条件下，最优投资组合向量 $\widehat{\boldsymbol{K}}_{T-1}$ 和 $\widetilde{\boldsymbol{K}}_{T-1}$ 的确存在。因此，它们满足一阶条件。例如，$\widehat{\boldsymbol{K}}_{T-1}$ 满足

$$\nabla_{\boldsymbol{K}_{T-1}} v(\bar{\mu}(\boldsymbol{K}_{T-1}), \bar{\sigma}(\boldsymbol{K}_{T-1})) = \boldsymbol{0}$$

需要注意的是，投资组合 $\boldsymbol{K}_{T-1}$ 仅通过均值 $\bar{\mu}(\boldsymbol{K}_{T-1}) = \boldsymbol{K}_{T-1}^{\mathrm{T}}\mu$ 和标准差 $\bar{\sigma}^2(\boldsymbol{K}_{T-1}) = \boldsymbol{K}_{T-1}^{\mathrm{T}}\Sigma\boldsymbol{K}_{T-1}$ 在上述函数中发挥作用。因此，根据链式法则，总微分采用以下简单形式：

$$\nabla_{\boldsymbol{K}_{T-1}} v(\bar{\mu}(\boldsymbol{K}_{T-1}), \bar{\sigma}(\boldsymbol{K}_{T-1})) = v_{\bar{\mu}} \nabla_{\boldsymbol{K}_{T-1}} \bar{\mu}(\boldsymbol{K}_{T-1}) + v_{\bar{\sigma}} \nabla_{\boldsymbol{K}_{T-1}} \bar{\sigma}(\boldsymbol{K}_{T-1})$$

因为均值和标准差的梯度分别为

$$\nabla_{\boldsymbol{K}_{T-1}} \bar{\mu}(\boldsymbol{K}_{T-1}) = \mu , \quad \nabla_{\boldsymbol{K}_{T-1}} \bar{\sigma}(\boldsymbol{K}_{T-1}) = \bar{\sigma}^{-1}\Sigma\boldsymbol{K}_{T-1}$$

一阶条件可以重写为

$$\boldsymbol{0} = \nabla_{\boldsymbol{K}_{T-1}} v(\bar{\mu}(\boldsymbol{K}_{T-1}), \bar{\sigma}(\boldsymbol{K}_{T-1})) = v_{\bar{\mu}}\mu + v_{\bar{\sigma}}\bar{\sigma}^{-1}\Sigma\boldsymbol{K}_{T-1} \tag{1.33}$$

如果 $v_{\bar{\sigma}} \neq 0$，本书可以将最优向量 $\widehat{\boldsymbol{K}}_{T-1}$ 表示为市场投资组合 $\boldsymbol{\xi}_M$ 的函数，

$$\widehat{\boldsymbol{K}}_{T-1} = -\frac{\bar{\sigma} v_{\bar{\mu}}}{v_{\bar{\sigma}}}\Sigma\mu = \hat{k}_{T-1}\,\boldsymbol{\xi}_M$$

其中标量

$$\hat{k}_{T-1} = -\frac{\bar{\sigma}(\widehat{\boldsymbol{K}}_{T-1}) v_{\bar{\mu}}(\bar{\mu}(\widehat{\boldsymbol{K}}_{T-1}), \bar{\sigma}(\widehat{\boldsymbol{K}}_{T-1}))}{v_{\bar{\sigma}}(\bar{\mu}(\widehat{\boldsymbol{K}}_{T-1}), \bar{\sigma}(\widehat{\boldsymbol{K}}_{T-1}))}$$

同样，如果 $q_{\bar{\sigma}} \neq 0$，本书也可以将最优向量 $\widetilde{\boldsymbol{K}}_{T-1}$ 表示为市场投资组合 $\boldsymbol{\xi}_M$ 的函数，

$$\widetilde{\boldsymbol{K}}_{T-1} = -\frac{\bar{\sigma} q_{\bar{\mu}}}{q_{\bar{\sigma}}}\Sigma\mu = \tilde{k}_{T-1}\,\boldsymbol{\xi}_M$$

其中

$$\tilde{k}_{T-1} = -\frac{\bar{\sigma}(\widetilde{\boldsymbol{K}}_{T-1})q_{\bar{\mu}}(\bar{\mu}(\widetilde{\boldsymbol{K}}_{T-1}),\bar{\sigma}(\widetilde{\boldsymbol{K}}_{T-1}))}{q_{\bar{\sigma}}(\bar{\mu}(\widetilde{\boldsymbol{K}}_{T-1}),\bar{\sigma}(\widetilde{\boldsymbol{K}}_{T-1}))}$$

还需要证明 $v_{\bar{\sigma}} \neq 0$ 和 $q_{\bar{\sigma}} \neq 0$。本书通过反证法来证明。假设 $v_{\bar{\sigma}} = 0$，根据式 (1.33) 中的一阶条件，如果 $\mu \neq \boldsymbol{0}$，有 $v_{\bar{\mu}} = 0$，这与引理 1.6 的 $v_{\bar{\mu}} > 0$ 矛盾。用类似的讨论，本书也可以证明 $q_{\bar{\sigma}} \neq 0$。

现在，开始第三步。想法很简单：基于 Pirvu 和 Schulze (2012) 的分离结果 $\boldsymbol{u}_{T-1}^* = s^*\boldsymbol{\xi}_M$，为了证明奇异情况下的最优策略是零向量，本书只需要证明最优标量是零，即 $s^* = 0$。

当 $y_{T-1} = 0$ 时，有 $W_T - B = \boldsymbol{e}_{T-1}^{\mathrm{T}}\boldsymbol{u}_{T-1} = s\boldsymbol{e}_{T-1}^{\mathrm{T}}\boldsymbol{\xi}_M$，这大大简化了问题。由于超额回报向量 $\boldsymbol{e}_t$ 服从 n 维椭圆分布，因此市场投资组合 $P(\boldsymbol{\xi}_M)$ 服从一维椭圆分布，即

$$P(\boldsymbol{\xi}_M) \triangleq \boldsymbol{e}_{T-1}^{\mathrm{T}}\boldsymbol{\xi}_M \sim \mathrm{EC}_1(\mu_M, \sigma_M; G)$$

其中，均值为 $\mu_M = \boldsymbol{\xi}_M^{\mathrm{T}}\mu$，方差为 $\sigma_M^2 = \boldsymbol{\xi}_M^{\mathrm{T}}\Sigma\boldsymbol{\xi}_M$，其累积分布函数为 $F_{T-1}^{\xi}(\cdot)$。具体来说，当 $s > 0$ 时，式 (1.25) 简化为目标函数 $H(P(\boldsymbol{u}_{T-1}))$ 简化为

$$
\begin{aligned}
&H(P(s\boldsymbol{\xi}_M))\\
&= \int_0^{+\infty} U_+(sy)\mathrm{d}\Theta\left(\frac{y-\mu_M}{\sigma_M}\right) - \int_{-\infty}^0 \lambda U_-(-sy)\mathrm{d}\Theta\left(\frac{y-\mu_M}{\sigma_M}\right)\\
&= \frac{1}{\sigma_M}\left[\int_0^{+\infty} U_+(sy)\theta\left(\frac{y-\mu_M}{\sigma_M}\right)\mathrm{d}y - \int_{-\infty}^0 \lambda U_-(-sy)\theta\left(\frac{y-\mu_M}{\sigma_M}\right)\mathrm{d}y\right]\\
&= s^\alpha\frac{1}{\sigma_M}\left[\int_0^{+\infty}(y)^\alpha\theta\left(\frac{y-\mu_M}{\sigma_M}\right)\mathrm{d}y - \int_{-\infty}^0 \lambda(-y)^\alpha\theta\left(\frac{y-\mu_M}{\sigma_M}\right)\mathrm{d}y\right]\\
&\triangleq I_1 s^\alpha
\end{aligned}
$$

其中，$\Theta(y) = F^{\xi}(\mu_M + y\sigma_M)$ 和 $\theta(x) = \mathrm{d}\Theta(x)$。类似地，当 $s < 0$ 时，

目标函数简化为

$$
\begin{aligned}
&H(P(s\boldsymbol{\xi}_M)) \\
&= (-s)^\alpha \frac{-1}{\sigma_M} \left(\int_{-\infty}^0 (-y)^\alpha \theta \left(\frac{y - \mu_M}{\sigma_M} \right) \mathrm{d}y - \int_0^{+\infty} \lambda(y)^\alpha \theta \left(\frac{y - \mu_M}{\sigma_M} \right) \mathrm{d}y \right) \\
&\triangleq I_2(-s)^\alpha
\end{aligned}
$$

其中

$$
I_1 = \frac{1}{\sigma_M} \left(\int_0^{+\infty} (y)^\alpha \theta \left(\frac{y - \mu_M}{\sigma_M} \right) \mathrm{d}y - \lambda \int_{-\infty}^0 (-y)^\alpha \theta \left(\frac{y - \mu_M}{\sigma_M} \right) \mathrm{d}y \right)
$$

$$
I_2 = -\frac{1}{\sigma_M} \left(\int_{-\infty}^0 (-y)^\alpha \theta \left(\frac{y - \mu_M}{\sigma_M} \right) \mathrm{d}y - \lambda \int_0^{+\infty} (y)^\alpha \theta \left(\frac{y - \mu_M}{\sigma_M} \right) \mathrm{d}y \right)
$$

注意，上述两个积分 I_1 和 I_2 独立于 s，所以目标函数的最大值如果存在，应该在 $s^* = 0$ 处得到。此外，适定条件保证了 $I_1 < 0$ 和 $I_2 > 0$，这是因为 $\lambda > a^\xi/b^\xi$ 和 $\lambda > b^\xi/a^\xi$。因此，$\boldsymbol{u}_{T-1}^* = \boldsymbol{0}$ 是奇异情况 $y_{T-1} = 0$ 下的唯一最优解。　　　　　　□

第 2 章　动态参考点与投资者行为

2.1　背景介绍

参考依赖 (reference dependence) 和损失厌恶 (loss aversion) 是前景理论的两个重要特征（Kahneman and Tversky, 1979; Tversky and Kahneman, 1992）。这两个重要特征使前景理论有别于传统的期望效用理论。本章首先构建一个动态投资决策模型，在这个模型中，损失厌恶的投资者会调整他们的参考点以反映他们最近的投资表现，然后本书探讨参考点的动态调整如何影响投资者行为，进而与文献中的处置效应建立关联。

首先，基于 Arkes 等 (2008, 2010) 的实验发现，本书建立参考点如何动态调整的理论模型。通过将参考点与人们如何感知自己历史投资表现的盈亏联系起来，本书首次将参考点的动态调整内化建模，为后续的讨论分析（即参考点的动态调整如何影响投资者行为）建立了分析框架。尽管 Arkes 等 (2008, 2010) 也讨论了参考点的动态调整在股票交易中的一些可能相关性，但他们的工作主要集中在实验发现方面，并没有任何正式的理论分析研究。

数学上，本书通过在标准动态投资组合选择模型中引入参考点更新，先求解得到相应个体的最优投资策略，进而分析参考点的动态调整和个体投资者投资决策行为之间的关系。为了达到这一目的，本书在离散时间框架下开发了一个包含无风险资产和风险股票的投资组合选择模型，并推导出其半解析解。通过分析最优解，本书发现最优持股关于股票收益呈 V 型模式，这是由于损失厌恶在价值函数中引入了扭曲点，导致参考点附近的极端风险厌恶。本书揭示的这种损失厌恶导致的 V 型模式与 Meng 和 Weng (2018) 模型的结果一致，但是采用的参考点建模并不相同。Meng 和 Weng (2018) 考虑的是 Koszegi 和 Rabin (2006, 2007, 2009) 提出的期望型参考点。本书关注 Arkes 等 (2008, 2010) 提出的参考点的非对称动态更新，及其对于投资者行为的影响。

本书模型的另一个重要预测是，由于损失厌恶的存在，参考点的动态调整对最优解的形状起着决定作用。特别是，参考点对股票之前的收益或损失的敏感性直接决定了投资者根据这些收益或损失的大小而增加的股票持有的程度。这在直观上很容易理解。参考点的变化决定了一个未来结果在心理上被感知为收益还是损失。参考点的变化速率越快，即投资者适应先前的收益或损失的速度越快，这些前期的收益或损失对投资者后期股票增持的影响作用就越小。因此，如果获得收益后的参考点上调幅度明显大于获得等大小损失后的参考点下调幅度，那么参考点的这种非对称更新会导致最优股票持有量也呈现非对称性，从而使损失厌恶更有效地产生处置效应。本书的仿真模拟分析进一步证实了这一发现，损失厌恶和非对称参考点动态调整成为驱动处置效应的两个主导力量。

分析处置效应的新视角强调了参考点非对称动态调整的重要性。那么，投资者为什么会这样非对称地调整他们的参考点呢？Arkes 等 (2008, 2010) 为这种非对称调整模式提供了一种"快乐最大化"（hedonic-maximization）的心理学解释。本书指出这种非对称的参考点动态调整也与自我证实理论（self-justification）的心理动机相一致（Higgins, 1987; Tesser, 1988; Swann et al., 2003）。其基本原理依赖于长期以来心理学的观点，即参考点的动态调整与自我形象（self-image）密切相关。因此，由参考点的变化所触发的愉快和不愉快感觉似乎是一种合理的心理设计。当面临收益时，人们倾向于大幅度上调参考点，以追求正向的自我证实带来的愉悦感。反之，当面临损失时，人们倾向于小幅度下调参考点,以避免负向的自我证实带来的不愉快感。因此,非对称参考点动态调整可能反映了一种旨在保持积极自我形象的心理机制。

在本书的模型框架内,自我证实假说只需要在参考点水平动态调整上应用,从而为参考点的非对称调整提供一个可能的解释。利用参考点的非对称调整加上损失厌恶,共同驱动了投资者的处置效应行为。值得注意的是,自我证实假说还可以表述成 Shefrin 和 Statman (1985) 的后悔规避(regret avoidance)模型以及 Hirshleifer (2001) 的自我欺骗 (self-deception) 模型。不同的是,上述两个模型假设愉快和不愉快的感觉是直接由已实现的损失和收益所触发的。在这种已实现效用(realized utility)的应用层面上,自我证实本身可以是处置效应的一种解释(Barberis and Xiong, 2009; Kaustia, 2010)。

本书还进行了一项实验以完善有关参考点动态调整的实验文献。在实验方面,Arkes 等 (2008, 2010) 已经提供了一些明确的证据来支持参考点动态调整的非对称假说:投资者适应收益多于损失。本书的实验建立在他们设定的基础上,并进一步扩展以验证正强化(positive reinforcement)特征,这一特征在本书的理论模型中是参考点非对称调整的代理变量。通过控制股票收益,本书设计了一个好市场和一个坏市场来分析正强化效应。本书的实验结果表明,与在坏市场的投资者相比,在好市场的投资者在获得收益后的参考点向上移动的程度更大。这一实验结果证实了正强化的特征。

本书的工作还丰富了将前景理论与处置效应联系起来的文献。Barberis 和 Xiong (2009) 以及 Hens 和 Vlcek (2011) 先后指出即使普遍认为前景理论是对处置效应的主流解释,但应用 Tversky 和 Kahneman (1992) 的前景理论到一个标准投资组合选择模型并不能预测处置效应。一种自然的想法是,在前景理论的偏好转化为处置效应的过程中,除了前景理论标准应用之外可能还有其他因素的影响。为了解决这一问题,一些新的基于前景理论的解释随后发展起来。这些新解释集中于进一步发掘新的内部特征（Barberis and Xiong, 2009）或者外部因素（Yao and Li, 2013）。本书的研究受到 Arkes 等 (2008, 2010) 工作的启发，采用了非对称动态更新的参考点。研究发现，当参考点非对称地动态调整时，损失厌恶型投资者表现出处置效应。本书是首个从理论上利用损失厌恶和参照点动态调整相结合来解释处置效应的研究。

　　本章的其余部分安排如下。2.2 节构建了具有参考点动态调整的多期投资组合模型。本书完全求解了所提出的模型，并导出了一个半解析解。基于最优持股量的 V 型特征，本书的模型可以解释处置效应，并证明了非对称的参考点动态调整与非对称交易行为（即处置效应）之间存在关联。对处置效应的新解释强调了动态调整参考点的重要性。2.3 节基于自我验证理论，本书对参考点非对称调整模式给出了解释。2.4 节在实验室进行了一个实验来验证本书的自我验证理论。2.5 节考虑了另一种新的参考点动态更新方式，并求解了相应的投资组合选择问题。2.6 节提供了一些讨论并指出其他的应用来结束本章内容。本章所有的证明和实验说明参见 2.7 节。

2.2　基于参考点动态调整的行为投资组合选择模型

2.2.1　市场设定

　　考虑市场中有两种资产，一种是无风险资产，另一种是风险资产。在 $t = 0, 1, \cdots, T$ 时刻可以交易这些资产。为简单起见，假设无风险资产无利息。t 时刻风险资产的价格用 P_t 表示，$t+1$ 时刻风险资产的 (超额) 收益率用

$$r_{t+1} = \frac{P_{t+1} - P_t}{P_t}$$

表示，r_{t+1} 是给定概率空间 $(\Omega, \mathcal{F}, \mathcal{F}_t, \mathcal{P})$ 下有界的随机变量 $(r_{t+1} > -1)$。本书允许风险资产的收益分布是任意的，因此风险资产本身可以理解为市场组合或市场指数型基金。另外，本书不允许卖空风险资产。

本书用 W_t 表示 t 时刻的财富水平。交易策略是一个二维可测过程：$\bar{x} = (x_t^0, x_t)_{t=0,1,\cdots,T-1}$。其中 x_t 是 $t+1$ 时刻持有的股票数量，x_t^0 是 $t+1$ 时刻持有的无风险资产总额。考虑一个自融资 (self-financing) 过程 $\bar{x}$，有 $x_t^0 = W_t - x_t P_t$，因此只需要关注初始财富 W_0 和风险资产的持有情况 $\{x_t\}_{t=0,1,\cdots,T-1}$。此外，财富的动态变化过程满足以下随机微分方程：

$$W_t = W_{t-1} + x_{t-1} P_{t-1} r_t \tag{2.1}$$

2.2.2 正强化参考点动态调整

虽然 Kahneman 和 Tversky (1979) 曾指出，参考点在动态环境中会发生变化。但是，人们对个体投资者在做出交易决策时如何制定和更新参考点却知之甚少。直到近期，Arkes 等 (2008, 2010) 基于跨文化的实验室证据提出了一种参考点的非对称动态更新机制。本书从以下三个方面总结了他们的研究发现：① 投资者平均意义上倾向于在投资收益之后向上移动参考点，且更新通常是不足的；② 投资者在面临前期亏损后，倾向向下移动参考点，也往往更新不足；③ 参考点动态调整的幅度在获益后的上调幅度明显大于面临损失后的下调幅度。此外，Thaler 和 Johnson (1990) 的实验研究也发现，个体投资者更容易完全适应小到中等程度的损失，而不是大的损失。

综合以上实验研究发现，本书设定参考点的动态过程如下：

$$W_t^{\mathrm{rp}} = W_t + x_{t-1} P_{t-1}(g_t^{\mathrm{rp}} - r_t) , \ g_t^{\mathrm{rp}} = g_t(r_t) \tag{2.2}$$

其中，参考点 $W_t^{\mathrm{rp}} \in \mathcal{F}_t$ 在 t 时刻更新，它把下一期的实现财富 W_{t+1} 分成了获益区域 $(W_{t+1} \geqslant W_t^{\mathrm{rp}})$ 和损失区域 $(W_{t+1} < W_t^{\mathrm{rp}})$。$g_t(r_t)$ 是模型中的关键部分，它可以将不同的参考点更新规则整合其中。为了结合 Arkes 等 (2008, 2010) 和 Thaler 和 Johnson (1990) 发现的更新模式，本书提出以下 $g_t(\cdot)$ 的分段线性函数形式：

$$g_t(x) = \begin{cases} (a + a_g)(x - C_1) + C_1, & x > C_1 \\ x, & C_2 \leqslant x \leqslant C_1 \\ a(x - C_2) + C_2, & -1 < x < C_2 \end{cases} \quad (2.3)$$

其中，$0 < a < 1$，$0 < a + a_g < 1$，$C_1 > 0$，$C_2 \leqslant 0$，a 为面临损失时的下调系数，$a + a_g$ 为面临收益时的上调系数，$a_g > 0$ 是正强化系数，反映的是参考点上调幅度强于下调幅度的程度。如图 2.1 所示，中间区域 $[C_2, C_1]$ 对应于 Thaler 和 Johnson (1990) 提出的完全适应区域。当 $C_2 = C_1 = 0$ 时，在本书的模型中不存在完全适应的区域，只有部分适应，对应 Arkes 等 (2008, 2010) 的发现。正的 a_g 对应 Arkes 等 (2008, 2010) 提出的获益和损失后参考点动态调整的不对称性。本书提出的函数形式与强化学习的思想是一致的：人们往往增加已经获得收益的策略的权重，尽管这些过去的结果在逻辑上可能与未来的结果并没有任何关系。本书将这种非对称模式称为参照点动态调整中的正强化性。正强化系数 a_g 可能与股票市场本身特性有关，也可能与投资者自身特性相关。比如，激进的投资者会比悲观的投资者有更大的 a_g。

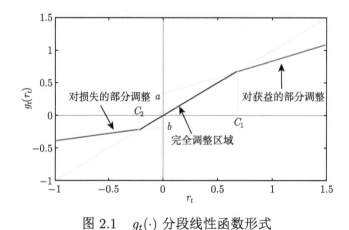

图 2.1　$g_t(\cdot)$ 分段线性函数形式

至此，本书已经为参考点的形成与更新提出了一个完整的动态模

型。式 (2.2) 可以改写成:

$$W_t^{\mathrm{rp}} = W_{t-1} + x_{t-1} P_{t-1} g_t^{\mathrm{rp}} , \ g_t^{\mathrm{rp}} = g_t(r_t) \tag{2.4}$$

从式（2.4）可以清楚地看出, 以 W_{t-1} 为基准点, 投资者当前的参考点 W_t^{rp} 部分受到先前投资绩效表现的影响 [通过 $g_t(r_t)$], 部分受到先前投资头寸的影响 (通过 $x_{t-1}P_{t-1}$)。在时刻 t, 损失厌恶型投资者观察 P_t 并计算股票实现收益 r_t, 注意到自己当前的财富水平 W_t, 然后根据式（2.4）相应地更新其参考点 W_t^{rp}。如果实现的股票收益落在中间区域 $r_t \in [C_2, C_1]$, 投资者完全更新其参考点, 即 $W_t^{\mathrm{rp}} = W_t$。当实现的股票收益落在中间区域之外时, 无论 $r_t > C_1$ 还是 $r_t < C_2$, 投资者都只是部分调整其参考点, 即当前的参考点和当前的财富水平之间会出现差异。稍后的理论分析表明, 差异 $W_t^{\mathrm{rp}} - W_t$ 是重要的, 因为最优股票持有 x_t^* 关于差异的绝对值呈单调增函数。

下面将本书提出的动态参考点模型与文献中已有模型进行比较。本书建模的基本想法是: 构建参考点如何根据过往投资绩效表现实现自我更新的过程。根据式 (2.4), 随着市场信息和过往投资表现的实现, 本书可以在每个投资期的期末根据过往实现的投资收益对参考点进行自适应预测。Barberis 和 Xiong (2009), Hens 和 Vlcek (2011) 以无风险利率下的财富增长水平作为终端财富的参考点, 即

$$W_T^{\mathrm{rp}} = W_0(1 + r_f)^{\mathrm{T}} \tag{2.5}$$

其中, r_f 为无风险利率。显然, 这样的参考点是非适应的, 股票不同持仓与过往投资表现对参考点都没有影响。De Giorgi 和 Post (2011) 考虑了一个随机参考点, 该参考点可以在过程中更新, 但由于调整成本的关系, 也可能保持在初始外生值。Meng 和 Weng (2018) 提出以投资者的预期财富为参考点:

$$W_T^{\mathrm{rp}} = W_0(1 + g_T^{\mathrm{rp}}) \tag{2.6}$$

其中，g_T^{rp} 为投资者期望的财富增长水平，是个确定性常数。尽管他们的工作考虑了除无风险利率之外的另一种参考点样式，但是他们的参考点仍然以固定利率增长，不受过往的投资绩效表现的影响。

2.2.3 基于参考点动态调整的多期效用最大化

从 $t+1$ 时刻开始，投资者观察其当前股价 P_t 和其当前财富 W_t，然后根据式 (2.2) 更新其参考点 W_t^{rp}。基于这一新的信息集，通过最大化自己的损失和收益效用来寻找最佳股票持有量 x_t^*，然后在 $t+1$ 时刻投资收益实现后，再次将参考点更新到 W_{t+1}^{rp}。数学上，本书得到以下**基于参考点动态调整的多期效用最大化模型**：

$$(P) \quad \max_{\{x_0 \geqslant 0, \cdots, x_{T-1} \geqslant 0\}} \quad \mathbb{E}_0 \left(\sum_{t=0}^{T-1} \beta_t U(W_{t+1}|W_t^{\mathrm{rp}}) \right)$$

$$\text{s.t.} \quad W_{t+1} = W_t + x_t P_t r_{t+1}, \ t = 0, 1, \cdots, T-1$$

$$W_t^{\mathrm{rp}} = W_t + x_{t-1} P_{t-1}[g_t^{\mathrm{rp}} - r_t], \ t = 1, 2, \cdots, T-1$$

$$g_t^{\mathrm{rp}} = g_t(r_t), \ t = 1, 2, \cdots, T-1$$

其中，W_0 是初始财富，第一个参考点 W_0^{rp} 是预先给定的，$g_t(\cdot)$ 如式 (2.3) 所示，损失收益效用函数（gain-loss utility）为以下分段线性形式：①

$$U(W_{t+1}|W_t^{\mathrm{rp}})$$

$$= (W_{t+1} - W_t^{\mathrm{rp}})1_{\{W_{t+1}-W_t^{\mathrm{rp}}>0\}} + \lambda(W_{t+1} - W_t^{\mathrm{rp}})1_{\{W_{t+1}-W_t^{\mathrm{rp}} \leqslant 0\}} \quad (2.7)$$

---

① 为了聚焦参考点动态调整的作用，本书只考虑了"损失厌恶"，忽略了前景理论的另外两个特征——"敏感性递减"和"概率扭曲"。事实上，"敏感性递减"特征并没有改变本书的结论，因为"敏感性递减"对处置效应有积极的贡献。考虑到这一点，如果一个没有"敏感性递减"的模型能够预测处置效应，那么加入这一特征将进一步增强预测。从数学上讲，概率扭曲只影响股票收益分布的累积分布函数。由于本书的收益分布可以是任意的，所以模型中 r_t 的概率分布函数 f 可以看作已经被扭曲过的分布函数。

其中，$\lambda > 1$ 为损失厌恶参数，1_A 为示性函数，即 A 为真时 $1_A = 1$，否则 $1_A = 0$，$\{\beta_0, \beta_1, \cdots, \beta_{T-1}\}$ 为不同时间段的加权系数序列。本书还假设投资者在最后时刻结清其头寸，即 $x_T = 0$。

前景理论在本书的多期模型 (P) 中的设定与文献有显著的不同（Barberis and Xiong, 2009；Meng and Weng, 2018）。在经典的效用最大化模型中，投资者获得的效用与期末的财富水平相关。换句话说，虽然有很多交易期 (T 交易期)，但评估只发生在整个交易期的末尾。在本书的模型中，财富水平的涨跌变化都会给投资者带来效用，这与 Kahneman 和 Tversky (2003) 提出的体验效用（experienced utility）相一致。在这种设定下，一旦投资者在每个期初做出投资决定，在期末他将体验到或正或负的即时效用。此外，本书使用序列 $\{\beta_0, \beta_1, \cdots, \beta_{T-1}\}$ 来衡量不同时间段的效用。当权重序列中最后一个权重 β_{T-1} 占主导地位时，本书的模型简化为文献中的经典期末财富效用模型。

如果一个投资者只关心期末终端财富，对导致相同终端财富的不同价格过程不感兴趣，那么定义在期末财富上的经典效用就足以刻画这个投资者的偏好。然而，大多数投资者对市场波动是会作出反应的，即过程本身往往会给投资者带来体验效用，从而影响他们的投资行为。事实上，投资者在投资过程中根据其投资绩效体验动态地调整其参考点，那么本书的体验效用模型可以准确地帮助本书捕捉这类关注过程的投资者行为。此外，本书在问题 (P) 中对前景理论新的应用方式，强调了损失厌恶相对于动态参考点的作用，适合于分析参考点动态调整和损失厌恶的联合效应。值得注意的是，虽然 W_0^{rp} 是投资者预先设定的，但参考点序列 $\{W_t^{\mathrm{rp}}\}_{t=1,2,\cdots,T-1}$ 实际上是受最优投资序列 $\{x_0^*, x_1^*, \cdots, x_{T-2}^*\}$ 影响的自适应过程。同时，最优投资序列 $\{x_t^*\}_{t=0,1,\cdots,T-2}$ 又反过来受到参考点序列的影响。

利用动态规划，本书可以求解问题 (P)。首先概要地给出全部求解过程。在 $T-1$ 时期的期初，投资者求解如下问题：

$$\max_{\{x_{T-1} \geqslant 0\}} \quad \mathbb{E}_{T-1}\left(\beta_{T-1} U(W_T | W_{T-1}^{\mathrm{rp}})\right) := J_{T-1}(W_{T-1}, W_{T-1}^{\mathrm{rp}})$$

其中，$\mathbb{E}_{T-1}(\cdot)$ 为基于时刻 $T-1$ 的信息集的条件期望，即 $\mathbb{E}_{T-1}(\cdot)$ $= \mathbb{E}(\cdot \mid \mathcal{F}_t)$，最优目标函数记为 $J_{T-1}(W_{T-1}, W_{T-1}^{\mathrm{rp}})$。在 t 期初，$t = T-2, T-1, \cdots, 1$，投资者求解如下递归方程：

$$\max_{\{x_t \geqslant 0\}} \quad \mathbb{E}_t\left(\beta_t U(W_{t+1} | W_t^{\mathrm{rp}})\right) + \mathbb{E}_t\left(J_{t+1}(W_{t+1}, W_{t+1}^{\mathrm{rp}})\right) := J_t(W_t, W_t^{\mathrm{rp}})$$

最后，在时刻 0，投资者通过求解以下式子来结束递归：

$$\max_{\{x_0 \geqslant 0\}} \quad \mathbb{E}\left(\beta_0 U(W_1 | W_0^{\mathrm{rp}})\right) + \mathbb{E}\left(J_1(W_1, W_1^{\mathrm{rp}})\right) := J_0(W_0, W_0^{\mathrm{rp}})$$

由最优性原理，本书得到 $v(P) = J_0(W_0, W_0^{\mathrm{rp}})$，其中，$v(P)$ 是问题 (P) 的最优值。

2.2.4　问题 (P) 的最优解及其 U 型特征

考虑股票超额收益服从任意下有界连续分布 $(r_t > -1)$，且其概率密度函数记为 f。在给出主要定理之前，本书首先要给出与适定性问题有关的两个条件。

假设 2.1　对任意 $t = T, T-1, \cdots, 1$，股票收益率 r_t 满足

条件 a: $\beta_{t-1}\left(\displaystyle\int_0^{+\infty} r_t f(r_t)\mathrm{d}r_t + \int_{-1}^0 \lambda r_t f(r_t)\mathrm{d}r_t\right) + M_t < 0$

条件 b: $\beta_{t-1}\mathbb{E}(r_t) + M_t > 0$

其中，M_t 满足下面的逆向递归方程：

$$M_t = \int_{C_1}^{+\infty} (r_t - g_t(r_t))\left(\beta_t(\tilde{A}_{t+1} + \lambda\tilde{B}_{t+1}) - \frac{M_{t+1}}{k_t}\right)f(r_t)\mathrm{d}r_t$$

$$+ \int_{-1}^{C_2} (r_t - g_t(r_t))\left(\beta_t(A_{t+1} + \lambda B_{t+1}) - \frac{M_{t+1}}{h_t}\right)f(r_t)\mathrm{d}r_t \qquad (2.8)$$

边界条件为 $M_T = 0$，进而

$$A_{t+1} = \int_{h_t}^{+\infty}\left(1 - \frac{r_{t+1}}{h_t}\right)f(r_{t+1})\mathrm{d}r_{t+1} \qquad (2.9)$$

$$B_{t+1} = \int_{-1}^{h_t} \left(1 - \frac{r_{t+1}}{h_t}\right) f(r_{t+1}) \mathrm{d}r_{t+1} \tag{2.10}$$

$$\tilde{A}_{t+1} = \int_{k_t}^{+\infty} \left(1 - \frac{r_{t+1}}{k_t}\right) f(r_{t+1}) \mathrm{d}r_{t+1} \tag{2.11}$$

$$\tilde{B}_{t+1} = \int_{-1}^{k_t} \left(1 - \frac{r_{t+1}}{k_t}\right) f(r_{t+1}) \mathrm{d}r_{t+1} \tag{2.12}$$

$k_t < 0$ 和 $h_t > 0$ 是下面 (时间 t) 方程的两个解:

$$D_t(k)$$
$$= \beta_t \left(\int_k^{+\infty} r_{t+1} f(r_{t+1}) \mathrm{d}r_{t+1} + \int_{-1}^{k} \lambda r_{t+1} f(r_{t+1}) \mathrm{d}r_{t+1} \right) + M_{t+1}$$
$$= 0 \tag{2.13}$$

评论 2.1   (1) 从技术上讲, 这两个条件保证了存在内点最优解, 即最优解不是零也不是正无穷. 从直观上讲, 条件 b 意味着股票收益必须足够好, 能吸引一个 "损失厌恶" 的投资者进入股市, 条件 a 则保证股票回报不能太好而导致投资者采取无穷大的头寸. 实际上, 这两个条件保证了模型的适定性. 如 He 和 Zhou (2011) 所述, "股票收益、无风险收益等市场投资机会必须符合市场参与者的心理……在构建任何合理的模型之前." De Giorgi 等 (2004) 也考虑了模型不适定问题, 并表明不适定问题可以通过用一个分段指数效用函数代替分段幂效用函数来避免.

(2) 损失厌恶参数 λ 越大, 两个条件都成立的概率就越大. 当 λ 减少到 1 时, 投资者成为损失中性 (loss neutral). 在这种情况下, 条件 a 和 b 中必有一个不成立, 一个理性的投资者将持有零头寸或者无限大的头寸, 这是由于分片线性效用函数的设定. 因此, 损失厌恶程度越大, 得到内部解的概率越高.

定理 2.1 (最优解结构)   假设 $g_t(\cdot)$ 有式 (2.3) 的形式,

(1) 对于 $t = T-1, \cdots, 1, 0$, 当假设 2.1 中的两个条件都满足时, 最优头寸 x_t^* 以及相应的收益函数 $J_t(W_t, W_t^{\mathrm{rp}})$ 具有以下形式:

$$
x_t^* = \begin{cases} \dfrac{W_t^{\mathrm{rp}} - W_t}{h_t P_t}, & W_t < W_t^{\mathrm{rp}} \\[2mm] \dfrac{W_t^{\mathrm{rp}} - W_t}{k_t P_t}, & W_t > W_t^{\mathrm{rp}} \\[2mm] 0, & W_t = W_t^{\mathrm{rp}} \end{cases} \tag{2.14}
$$

$$
\begin{aligned}
& J_t(W_t, W_t^{\mathrm{rp}}) \\
& = \begin{cases} (W_t - W_t^{\mathrm{rp}}) \left(\beta_t(A_{t+1} + \lambda B_{t+1}) - \dfrac{M_{t+1}}{h_t} \right), & W_t < W_t^{\mathrm{rp}} \\[2mm] (W_t - W_t^{\mathrm{rp}}) \left(\beta_t(\tilde{A}_{t+1} + \lambda \tilde{B}_{t+1}) - \dfrac{M_{t+1}}{k_t} \right), & W_t > W_t^{\mathrm{rp}} \\[2mm] 0, & W_t = W_t^{\mathrm{rp}} \end{cases} \tag{2.15}
\end{aligned}
$$

其中, $M_t, A_{t+1}, B_{t+1}, \tilde{A}_{t+1}, \tilde{B}_{t+1}$ 由式 (2.8) ~ 式 (2.13) 给出.

(2) 当条件 a 被违背时, 最优头寸为 $x_t^* = +\infty$.

(3) 当条件 b 被违背时, 最优头寸为 $x_t^* = 0$.

(4) 这两个条件不能同时违反.

证明: 见 2.7.1 节.

由上述定理可知, 最优头寸 x_t^* 与当前财富水平偏离参考点的大小成正比. 这是因为前景理论下财富水平偏离参考点的距离, 而不是绝对财富水平, 成为效用的载体.

命题 2.1(U 型特征) 当假设 2.1 的两个条件都满足时, 式 (2.14) 中的最优头寸 x_t^*($t = T-1, \cdots, 1$) 具有以下特征:

(1) 当 $W_t < W_t^{\mathrm{rp}}$ 时, 即 $-1 < r_t < C_2$, $x_t^* = \dfrac{W_t^{\mathrm{rp}} - W_t}{h_t P_t}$. 此外, x_t^* 在这个区域内关于 $W_t^{\mathrm{rp}} - W_t$ 单调递增.

(2) 当 $W_t > W_t^{\mathrm{rp}}$, 即 $r_t > C_1$ 时, $x_t^* = \dfrac{W_t^{\mathrm{rp}} - W_t}{k_t P_t}$。此外, x_t^* 在这个区域内关于 $W_t - W_t^{\mathrm{rp}}$ 单调递增。

(3) 当 $W_t = W_t^{\mathrm{rp}}$, 即 $C_2 \leqslant r_t \leqslant C_1$ 时, $x_t^* = 0$。

基于命题 2.1, 本书注意到如下事实。① 当 $-1 < r_t < C_2$ 时, 投资者经历了损失, 并将其参考点向下调整, 但是调整是不充分的, 留下当前财富水平与参考点间一个负的差值 $W_t - W_t^{\mathrm{rp}}$。又因为 $h_t > 0$, x_t^* 取值为正, 且其随着差值 $W_t^{\mathrm{rp}} - W_t$ 的增大而增大。② 当 $r_t > C_1$ 时, 投资者经历了盈利, 并将其参考点向上调整, 但是调整同样是不充分的, 留下当前财富水平与参考点间一个正的差值 $W_t - W_t^{\mathrm{rp}}$。又因为 $k_t < 0$, x_t^* 取值同样为正, 且其随着差值 $W_t - W_t^{\mathrm{rp}}$ 的增大而增大。③ 当 $C_2 \leqslant r_t \leqslant C_1$ 时, 投资者完全调整其参考点水平去适应过往损失和盈利, 即 $W_t^{\mathrm{rp}} - W_t = 0$。在此区间, 由于损失厌恶导致投资者有很强的倾向留在参考点, 从未投资者会清空其所有的股票头寸从而停留在参考点。综上所述, 命题 2.1 的最优解 x_t^* 具有 U 型特征 (示例见图 2.2)。这是对 Meng 和 Weng (2018) 得到的 V 型特征的一个扩展。当股票收益 r_t 落在中间区域 $[C_2, C_1]$ 时, 达到 U 型曲线的底部, 对应的 $W_t^{\mathrm{rp}} - W_t = 0$。此时, 由损失厌恶产生强烈的局部风险厌恶使得投资者会清空其持有的所有股票, 并停留在当前的参考点。除了中间区域, 最优股票持有量 x_t^* 相对于 $|W_t^{\mathrm{rp}} - W_t|$ 都是单调增函数。

这种 U 型特征与 Kahneman 和 Tversky (1979) 的预测一致。他们指出 "参考点与当前财富水平之间的偏差可能也会出现, 因为人们还没有适应最近的财富变化", 并预测这种偏差可能会诱发风险寻求行为。直观上, 不管正偏差还是负偏差都为投资者提供了增持股票的激励。当获益时, 由于投资者没有完全适应之前的收益, 当前财富水平和参考点之间存在正偏差, 这一正偏差为承担未来可能产生的损失提供了缓冲, 从而在随后的股票持有中诱发风险寻求行为。对应的正偏差越大, 缓冲资金量越大，寻求风险的意愿就越大。相反，由于没有完全适应之前的损失而产生负的差异，导致损失厌恶的投资者留在价值函数的损失区域，翻盘（break even）的希望同样导致后续寻求风险的行为。

2.2.5　应用：非对称参考点动态调整导致处置效应

本书提出损失厌恶和非对称参考点动态调整可以成为解释处置效应的两个主要力量。其基本原理实际上依赖于命题 2.1 中的 U 型特征。本质上，非对称参考点动态调整导致损失之后偏差绝对值 $|W_t^{\mathrm{rp}} - W_t|$ 比在获益之后更大。根据最优解的 U 型特征：偏差越大，持股比例越高，就会出现不对称交易行为，即获利后的卖出倾向明显大于亏损后的卖出倾向。命题 2.1 的最优策略是半解析的，涉及两个未知常数 k_t 和 h_t 的计算。因此，除了上述一般性的观察，本书还需要进一步模拟分析对处置效应提供一个更全面的解释。

本书的模拟结果进一步证实了上述观点。在数值测试中，本书使用了 Odean (1998) 提出的处置效应的度量指标。更具体地说，本书定义已实现收益比例 (proportion of gains realized, PGR) 等于已实现收益除以已实现收益和账面收益的总和，已实现亏损比例 (proportion of losses realized, PLR) 为已实现亏损除以已实现亏损和账面亏损的总和。当 PGR > PLR 时，存在处置效应。以投资无风险资产的收益为参考点，Barberis 和 Xiong (2009) 发现损失厌恶通常不能预测处置效应 (特别是 $T = 2, T = 3$ 的短期投资模型)。Hens 和 Vlcek (2011) 也发现类似结果。受到 Barberis 和 Xiong (2009) 工作的启发，本书的模型侧重于分析非对称参考点动态调整对处置效应的影响。为了方便比较，本书采用与 Barberis 和 Xiong (2009) 相同的参数设定。

对于两期问题 $(T = 2)$，可以按下述公式直接计算 PGR 和 PLR：

$$\mathrm{PGR} = \frac{P\left(x_1^*(r_1) < x_0^*, r_1 \geqslant 0\right)}{P(r_1 \geqslant 0)}$$

$$\text{PLR} = \frac{P\left(x_1^*(r_1) < x_0^*, r_1 < 0\right)}{P(r_1 < 0)}$$

假设投资者采用式 (2.3) 中的参考点非对称更新规则, 则最优解为

$$x_1^*(r_1) = \begin{cases} \dfrac{W_1^{\text{rp}} - W_1}{k_1 P_1} = \dfrac{x_0^*}{k_1} \dfrac{(1 - a - a_g)(C_1 - r_1)}{1 + r_1}, & r_1 > C_1 \\[3mm] \dfrac{W_1^{\text{rp}} - W_1}{h_1 P_1} = \dfrac{x_0^*}{h_1} \dfrac{(1 - a)(C_2 - r_1)}{1 + r_1}, & -1 < r_1 < C_2 \\[3mm] 0, & r_1 \in [C_2, C_1] \end{cases}$$

如图 2.2 所示, 当 $r_1 < C_2$ 时, $x_1^*(r_1)$ 为单调减函数; 当 $r_1 > C_1$ 时, $x_1^*(r_1)$ 为单调增函数, 这与 U 型特征一致。假设 $a_1 < C_2$ 和 $b_1 > C_1$ 是下述式子的两个常数解:

$$x_1^*(a_1) = x_1^*(b_1) = x_0^*$$

得到

$$a_1 = \frac{(1 - a)C_2 - h_1}{(1 - a) + h_1} \,, \quad b_1 = \frac{(1 - a - a_g)C_1 - k_1}{(1 - a - a_g) + k_1}$$

进而有 $P\left(x_1^*(r_1) < x_0^*, r_1 \geqslant 0\right) = P(0 \leqslant r_1 < b_1)$ 和 $P(x_1^*(r_1) < x_0^*, r_1 < 0) = P(a_1 < r_1 < 0)$。因此,

$$\text{PGR} = \frac{P(0 \leqslant r_1 < b_1)}{P(r_1 \geqslant 0)}, \quad \text{PLR} = \frac{P(a_1 < r_1 < 0)}{P(r_1 < 0)}$$

图 2.2 (a) 展示了这种情况。当只有唯一解 a_1 存在, b_1 不存在时, 本书有 $P\left(x_1^*(r_1) < x_0^*, r_1 \geqslant 0\right) = P(0 \leqslant r_1)$, 这意味着 $\text{PGR} = 1$, 图 2.2 (b) 展示了这种情况。

对于 $T = 3$ 的情况, 参照 Barberis 和 Xiong (2009) 的方法, 本书模拟了 10000 个损失厌恶型投资者的卖出与持有决策。本书在模拟中

假设 $R_f=1$，每个投资者交易两只股票。每只股票的初始价格为 40 美元，股票回报服从对数正态分布，期望年总回报 μ(从 1.03 到 1.13)，标准差 $\sigma = 0.3$。投资者是损失厌恶型，其损失厌恶型参数 $\lambda = 2.25$(相对于每个交易期结束时的参考点)，每个投资者有 80 美元的初始财富。本书用 $\{\beta_0, \beta_1, \beta_2\} = \{0.2, 0.2, 1.2\}$ 的加权序列给最近一个评价期赋予较高的权重。换句话说，本书给决策效用（decisioin utility）的权重要比给体验效用 (experience utility) 的权重高得多。

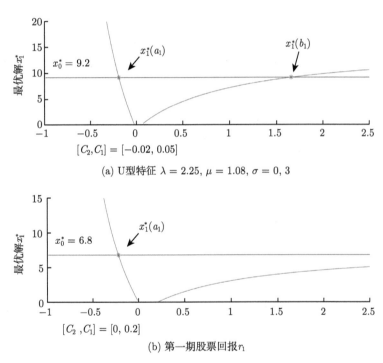

(a) U型特征 $\lambda = 2.25$, $\mu = 1.08$, $\sigma = 0, 3$

(b) 第一期股票回报 r_1

图 2.2   最优解 x_1^* 的 U 型特征

为了与 Barberis 和 Xiong (2009) 的结果进行比较，本书模拟了 $T = 2$ 和 $T = 3$ 两种情况下卖出与持有的策略。并比较了两种不同情况下的结果，一种是固定的参考点 ($a = a_g = 0, C_1 = C_2 = 0$)，另一种是非对称动态调整参考点 ($a_g > 0$，或者 $C_1 > |C_2|$)。表 2.1 展示了不同 μ 和

T 取值下的 PGR/PLR。$a = a_g = 0$ 且 $C_1 = C_2 = 0$ 对应的第 2 列表示固定参考点的情况。$a + a_g = 0.6$, $a = 0.4$, $C_1 = C_2 = 0$ 所对应的第 3 列表示参考点非对称动态调整的情况 $(a_g > 0)$。第 4 列 $a = a_g = 0$, $C_1 = 0.06$, $C_2 = -0.04$ 对应于以 $C_1 > |C_2|$ 为特征的非对称参考点调整的情况。第 5 列表示 $a_g > 0$ 和 $C_1 > |C_2|$ 共同作用下的非对称动态调整的情况。

表 2.1 分别报告了在固定参考点和非对称动态调整参考点下的 PGR (计算方法为已实现收益除以已实现收益和账面收益的总和) 和 PLR (已实现亏损除以已实现亏损和账面亏损总和)。PGR/PLR 是根据仿真模拟 10000 个投资者的投资组合决策计算出来的。假定每个投资者交易两只股票。每只股票的预期年总回报为 μ, 全年被划分为 T 个交易期。投资者是损失厌恶的, $(\{\beta_0, \beta_1, \cdots, \beta_{T-2}, \beta_{T-1}\} = \{0.2, 0.2, \cdots, 0.2, 1.2\})$ 为不同评估期对应的权重。考虑固定类型参考点 $(a = a_g = 0, C_1 = C_2 = 0)$ 和非对称动态调整参考点 $(a_g > 0,$ 或者 $C_1 > |C_2|)$ 两种情形, 根据不同的 (μ, T) 计算不同的 PGR 和 PLR。模拟中的其他参数设置为 $\sigma = 0.3$, $\lambda = 2.25$ 和 $W_0 = P_0 = 40$。一字线表示市场预期收益太低, 投资者一开始就不愿意购买那只股票。星号标出与处置效应相反的情形 (PGR < PLR)。

不管参考点是什么类型, 损失厌恶型投资者只愿意购买预期回报率远高于无风险利率的股票。表 2.1 从第 2 列到第 5 列, 对应不同的参考点设定, 卖出和持有模式有显著的不同。当取第 2 列中固定型参考点时, PGR 与 PLR 的数值差异很小, 且没有显著的处置效应 (用星号标注与处置效应相反的结果)。这与 Barberis 和 Xiong (2009) 的发现相吻合。但是当考虑非对称参考点动态调整时, 第 3~5 列均表现出较强的处置效应。通过比较第 3 列和第 4 列, 发现 $a_g > 0$ 的正强化效应在解释处置效应时优于 $C_1 > |C_2|$ 的非对称调整效应。

表 2.1　已实现收益比例 (PGR) 和已实现亏损比例 (PLR) 的模拟结果

风险资产总回报率	$a=a_g=0,$ $C_1=C_2=0$		$a+a_g=0.6, a=0.4,$ $C_1=C_2=0$		$a=a_g=0,$ $C_1=0.06, C_2=-0.04$		$a+a_g=0.6, a=0.4$ $C_1=0.06, C_2=-0.04$	
	$T=2$	$T=3$	$T=2$	$T=3$	$T=2$	$T=3$	$T=2$	$T=3$
1.03	—	—	—	—	—	—	—	—
1.04	—	—	—	—	—	—	—	—
1.05	—	—	—	—	—	—	—	—
1.06	—	—	—	—	—	—	—	—
1.07	0.76/0.71	—	1.00/0.90	—	0.86/0.80	—	1.00/0.94	—
1.08	0.69/0.66	0.88/0.81	1.00/0.86	—	0.81/0.76	0.82/0.77	1.00/0.91	0.88/0.86
1.09	0.61/0.60	0.79/0.75	0.99/0.81	1.00/0.94	0.75/0.71	0.78/0.74	1.00/0.88	0.87/0.85
1.10	0.51/0.53*	0.68/0.66	0.96/0.74	1.00/0.92	0.67/0.65	0.72/0.69	0.98/0.83	0.87/0.84
1.11	0.39/0.43*	0.53/0.52	0.86/0.64	0.99/0.88	0.58/0.58	0.65/0.62	0.92/0.75	0.87/0.81
1.12	0.24/0.29*	0.52/0.54*	0.59/0.45	0.97/0.82	0.44/0.46	0.52/0.50	0.73/0.60	0.86/0.78
1.13	0.00/0.00	0.43/0.46*	0.00/0.00	0.91/0.73	0.00/0.00	0.64/0.64	0.00/0.00	0.83/0.72

Chiyachantana 和 Yang (2020) 利用大量的机构交易数据集，提供了明确的实证证据表明参考点的动态调整确实会影响处置效应。他们的实证检验从一个猜想开始，这个猜想与本书在命题 2.1 中的 U 型特征相似，即在先前损失的情况下，出售或持有的投资决策取决于调整后的参考点与降低的当前价格之间的差异水平。Chiyachantana 和 Yang (2020) 通过考察与参考点动态调整潜在相关的外生因素，发现了处置效应的三个特征：① 投资者对巨额亏损的处置效应强于对较小或中等亏损的处置效应；② 投资者在近期经历坏信息后的处置效应较弱；③ 投资者在交易信息不确定性高的股票时，或在高度投机的市场时期，会表现出较弱的处置效应。

接下来将逐一陈述 Chiyachantana 和 Yang (2020) 发现的上述处置效应的三个实证特征与本书的理论模型预测一致。考虑第一个特征，根据命题 2.1 中的 U 型特征，小到中等损失可能对应落在中间区域。在这个区域，投资者完全适应损失，从而导致股票的最优仓位为零。对于巨大损失，对参考点的部分调整会造成调整后的参考点与当前财富之间存在差异，从而导致股票的最优仓位为正头寸。因此，投资者在遭受巨额亏损后，更倾向于持有亏损股票，即对巨额亏损表现出更强的处置效应。对于第二种特征，近期不利信息加速了投资者对先前损失的适应，使得参考点动态调整的不对称性弱化，进而导致处置效应减弱。对于第三种特征，高度的信息不确定性促使投资者要么设定一个较低的 C_2，要么对其正强化参考点更新采取谨慎态度。两种情形下参考点的不对称调整同样得以弱化，投资者表现出较弱的处置效应。

Meng 和 Weng (2018) 的研究表明，当参考点由式 (2.6) 预期财富定义时，损失厌恶可以预测处置效应。本质上，式 (2.6) 的期望型参考点可以看成非对称参考点动态调整的一种极端情况。Meng 和 Weng (2018) 认为投资者的参考水平应高于无风险利率，即 $1 + g_T^{\mathrm{rp}} > R_f$。因此，采取期望型参考点的投资者总是向上移动参考点 (投资者的期望总

是高于无风险利率)，无论实际投资表现是收益还是损失。此外，由于本
书的参考点动态调整考虑了过往投资表现，因此可以预测一些不易察觉
的处置效应。例如，考虑 Baucells 等 (2011) 提到的两种价格模式：破
灭的希望与错误的警报 (见表 2.2)。假想一个投资者以同样每股 200 美
元的价格买了两只不同的股票。投资者在 A 股票上经历了破灭的希望
路径，并在投资期末（月份 4）选择继续持有 A 股票。投资者在 B 股票
上经历了错误的警报路径，并选择以 210 美元的价格卖出 B 股票。根
据 Meng 和 Weng (2018) 的模型，虽然两只股票的价格路径不同，但是
投资者会采用相同的期望参考点，如 205 美元。那么，Meng 和 Weng
(2018) 的模型难以解释为何投资者选择卖出一个赢家却持有另一个赢
家。然而，根据本书的非对称参考点动态调整，两只股票经历的价格路
径不一样，因此更新后的参考价格也不同，分别为 212 美元和 200 美
元。因此投资者选择持有输家，售出赢家，这与处置效应是一致的。

表 2.2   两种价格模式：破灭的希望与错误的警报（单位：美元）

路径	交易价格	月份 1 价格	月份 2 价格	月份 3 价格	月份 4 价格	参考点	售出/持有
股票 A	200	250	250	200	210	212	持有
股票 B	200	150	150	200	210	200	售出

2.3   讨论: 为什么非对称调整规则是重要的?

前述研究提出的对处置效应的新解释强调了获益和损失后参考点
调整的非对称性的重要性。那么，当个人决策涉及金钱激励时，为什么
会出现正强化适应? Arkes 等 (2008, 2010) 为这种直觉模式提供了一个
享乐最大化的解释。此外，非对称参考点调整可能是自我证实心理驱动
的结果，自我证实心理与损失厌恶心理是一致的。根据自我证实理论，
人们努力寻求让自己骄傲同时避免后悔，以保持积极的自我形象。在这
个意义上，投资者确实有动机在获益时会更加积极地向上调整自己的参

考点, 在损失时更加不情愿下调参考点。下面通过一个最优参考点选择模型来进一步分析这种正强化适应模式。

考虑如下两期"买入并持有"问题[①]

$$(\mathrm{P^R}) \quad \max_{\{W_1^{\mathrm{rp}}\}} \quad W := V_1\left(W_1^{\mathrm{rp}} - W_0\right) + \mathbb{E}_1\left(V_2(W_2 - W_1^{\mathrm{rp}})\right)$$

对于 $i = 1, 2$,

$$V_i(x) = \begin{cases} x, & x \geqslant 0 \\ \lambda_i x, & x < 0 \end{cases}$$

$\lambda_2 \geqslant \lambda_1 > 1$ 和 $E_1(\cdot) = E(\cdot \mid \mathcal{F}_1)$。上述问题虽然看起来和前面的投资组合选择问题类似, 两者实际上有本质区别。在问题 $(\mathrm{P^R})$ 中, W_1^{rp} 是决策变量, 通过选取最优的参考点使得目标函数达到最大。在投资组合选择问题中, 参考点的动态变化规则是外生给定的, 通过最优的资产配置使得目标函数达到最大。仔细观察上述决策问题 $(\mathrm{P^R})$, 本书实际上是基于 Arkes 等 (2008, 2010) 的享乐最大化思想建立了理论模型。如果这个问题 $(\mathrm{P^R})$ 最优解确实呈现正强化适应模型, 那么本书就从理论上证明了参考点的正强化适应调整是有其心理学基础的。

本书假设 $P_0 = W_0$。由于考虑的是买入并持有策略, 因此 $x_0 = x_1 = 1$。此时式 (2.1) 的财富过程可简化为

$$W_1 = W_0 + x_0 P_0 r_1 = W_0(1 + r_1) \tag{2.16}$$

式 (2.2) 中参考点的动态过程变为

$$W_1^{\mathrm{rp}} = W_0 + x_0 P_0 g_1^{\mathrm{rp}} = W_0(1 + g_1^{\mathrm{rp}}), \ g_1^{\mathrm{rp}} = g_1(r_1) \tag{2.17}$$

现在假设 r_2 服从有下界的任意分布, $r_2 \geqslant -\pi$, 且 $0 < \pi < 1$。注意到下界不能小于 -1, 这是因为 $r_2 = -1$ 对应于 $P_2 = 0$, 即时刻 2 的

---

① "买入并持有"意味着在投资过程中, 股票头寸保持不变。通过假设买入并持有策略, 本书可以将研究重点放在参考点更新过程上。

股票一文不值。在上述模型 (P^R) 中，最优参考点 $(W_1^{rp})^*$ 被选择用来最大化总效用 (W)。第一项 $V_1(W_1^{rp} - W_0)$ 衡量了当投资者向上或向下更新他们的参考点时的瞬时享乐效用，刻画的是自我证实理论中的骄傲或后悔的感觉。第二项 $V_2(W_2 - W_1^{rp})$ 衡量了前景理论中的收益/损失效用。因此，本书把 λ_1 当作"后悔厌恶"，与通常的"损失厌恶"参数 λ_2 作用类似。通过这种方式，强化适应通过"享乐最大化"的机制得以建模在本书的目标函数中（Arkes et al.，2008；2010）。

寻找最优更新规则 $(W_1^{rp})^*$ 等价于如何最优地将跨期收益/损失 $(W_1 - W_0)$ 分离为 $(W_1 - W_1^{rp})$ 与 $(W_1^{rp} - W_0)$ 两部分之和。本书可以将目标函数重写为

$$(\text{P}^{\text{R}}) \quad \max_{\{W_1^{rp}\}} \quad W := V_1(W_1^{rp} - W_0) + \mathbb{E}_1(V_2((W_1 - W_1^{rp}) + x_1 P_1 r_2))$$

理论上，本书可以证明最优更新规则是一个正如 Arkes 等 (2008, 2010) 实验发现的部分适应规则。① 当 $r_1 > 0$（投资者获益）时，最优的更新规则是向上移动参考点直到剩余缓冲部分 $(W_1 - (W_1^{rp})^*)$ 足够大，以保证即使未来最坏的情况 $r_2 = -\pi$ 发生了，投资者最终仍能在获益领域结束。② 当 $r_1 < 0$（投资者面临损失）时，如果 $\lambda_1 = \lambda_2$，最优参考点为 $(W_1^{rp})^* = W_0$ 也就是不适应任何损失。然而当 $\lambda_2 > \lambda_1$ 时最优策略是部分适应损失。

定理 2.2   当 $W_1^{rp} = W_0(1 + g_1^{rp})$ 时，最优 $(g_1^{rp})^*$ 具有下述形式：

$$(g_1^{rp})^*(r_1) = \begin{cases} (1 - \pi)(1 + r_1) - 1, & r_1 > 0 \\ l^* r_1, & r_1 \leqslant 0 \end{cases} \tag{2.18}$$

其中，① 当 $\lambda_1 = \lambda_2$ 时，$l^* = 0$；② 当 $\lambda_1 < \lambda_2$ 时，$l^* \in [0,1]$ 是下述方程的解：

$$\frac{\lambda_1 - 1}{\lambda_2 - 1} = P\left(-\pi \leqslant r_2 \leqslant (l^* - 1)\frac{r_1}{1 + r_1}\right), \quad r_1 < 0 \tag{2.19}$$

证明 详细证明见 2.7.1 节。

最优更新规则背后的原理直观上很容易理解。当经历收益时,一方面,寻求骄傲会促使投资者完全适应收益以获得所有的即时享乐效用。另一方面,由于对未来损失的恐惧,损失厌恶又会使投资者留下足够的收益来缓冲未来可能的损失。在这种情况下,最优的更新策略是对收益进行部分更新,以保证在未来最坏前景发生时投资者仍然处在盈利区域。当投资者在经历损失时,为了最大限度地减少后悔负效用,他们倾向于将所有的损失保留到未来,希望未来可能的收益可以抵消当前的损失。然而,当 1 美元的未来损失伤害大于 1 美元的当前损失即 $\lambda_2 > \lambda_1$ 时,投资者愿意现在部分下调参考点来承认部分损失。想明确损失厌恶在其中的作用,考虑极端情形,$\lambda_1 = \lambda_2 = 1$,总效用目标 W 变成线性效用:

$$(\text{P}^{\text{R}}) \quad \max_{\{W_1^{\text{rp}}\}} \quad W := V_1\left(W_1^{\text{rp}} - W_0\right) + \mathbb{E}_1\left(V_2(W_2 - W_1^{\text{rp}})\right) = W_2 - W_0$$

在这种情形下,投资者对任意参考点 W_1^{rp} 都变得漠不关心。综上所述,在损失厌恶 (和后悔厌恶) 存在的情况下,Arkes 等 (2008, 2010) 实验发现的非对称正强化更新规则在总幸福感最大化 W 意义下是最优的。

2.4 实 验 研 究

在本节进行实验研究以进一步验证前面提出的数学模型和理论。在实验方面,Arkes 等 (2008, 2010) 已经提供了跨文化证据来支持参考点调整的不对称假说。在本书的理论模型中进一步提出了一个基于自我证实理论的正强化方案来描述参考点自适应中的不对称性。本节的实验旨在验证正强化特征。实验的第一步是验证非对称模式是否在本书的被试对象身上仍然存在,第二步是检验正强化的作用。

2.4.1　实验方法

本书的实验方法与 Arkes 等 (2008, 2010) 的研究方法密切相关。2.2
节进一步提出了一个正强化法则 [式 (2.3) 中正的 a_g] 用以捕捉参考点
动态调整中的不对称性。因此，本书感兴趣的是检验正强化法则在形
成和更新参考点中的作用。因此，本书在实验中设计了两个不同组：一
个是对照组 (基准市场)，另一个是实验组 (好的市场)。对照组沿用了
Arkes 等 (2008, 2010) 介绍的方法框架，以验证非对称模式是否在本书
的被试对象身上存在。与此同时，本书在实验组进一步考虑了正强化法
则的影响。

注意到，Arkes 等 (2008) 引入了两种不同的方法来度量参考点的
更新过程：问卷调查法和股票交易实验法。问卷调查法要求参与者对未
来某一可能的结果打出自己的满意程度。这种方法虽然没有假设特定
的效用函数，但却要求参与者能够评估一系列假设情景下未来结果的满
意度。然而，根据不同的假设结果来评估满意度对大多数人来说可能是
困难的，采用货币激励的股票交易实验可能更为现实。因此，本书采用
Arkes 等 (2008) 的股票交易实验法，并进一步扩展该方法来检验正强化
效应。

2.4.2　实验参与者

共有 115 名香港中文大学理学硕士项目的一年级学生参与了实验。
研究对象的平均年龄为 24 岁，其中 47% 为女性。这个实验是作为课外
项目进行的，所有参与者根据他们在本次实验中的交易表现来打分该课
程项目成绩。

2.4.3　实验设计和过程

本书的研究采用混合式设计，详细设计请参阅表 2.3。被试对象被
随机分配在对照组和实验组。两组被试面临的股票回报不同 (市场上行

概率不同),这是组间设计(between-subject)的不同。组内设计 (within-subject) 是两组不同的被试面临不同的先前的投资结果。115 名参与者被随机分配到对照组或者实验组,其中 67 名学生被分配到了对照组,48 名学生被分配到了实验组。他们被要求在计算机实验室完成他们的股票交易实验。本书的实验使用 z-Tree 软件进行编程和实施 (Fischbacher, 2007)。

表 2.3   混合实验设计

处理	上行概率	前期收益	前期损失
对照组 (67 人)	$p^{\mathrm{con}} = 0.5$	$R_1^{\mathrm{con}}(P_1^{\mathrm{H}})$	$R_1^{\mathrm{con}}(P_1^{\mathrm{L}})$
实验组 (48 人)	$p^{\mathrm{exp}} = 0.6$	$R_1^{\mathrm{exp}}(P_1^{\mathrm{H}})$	$R_1^{\mathrm{exp}}(P_1^{\mathrm{L}})$

本书参照 Arkes 等 (2008) 的实验 6 设计了对照实验。在本书的实验中,每个参与者被要求玩以下两阶段投资游戏:

假设在时刻 0,你以 $P_0 = 30$ 美元的价格买了一只股票。在时刻 1,市场价格 P_1 可以是 $P_1^{\mathrm{H}} = 36$ (上涨概率 p) 也可以是 $P_1^{\mathrm{L}} = 24$ (下跌概率 $1-p$)。具体市场价格实现为 $P_1^{\mathrm{H}} = 36$ 或者 $P_1^{\mathrm{L}} = 24$ 由计算机仿真模拟得到。同样地,股票时刻 2 的价格 P_2 也是两种可能: $P_2^{\mathrm{H}} = P_1 + 6$ (上涨概率 p) 或者是 $P_2^{\mathrm{L}} = P_1 - 6$ (下跌概率 $1-p$)。现在,在观察到一个已实现的 P_1 后,你有两个选择: 你可以向实验员提交你的最低售价 (P_m^1) 来出售你的股票,也可以选择继续持有股票最终以市场价 P_2 出售。

遵从 Becker 等 (1964) 提出的 BDM(Becker,DeGroot 和 Marschak 三位作者的首字母)程序,本书让实验参与者报告他们的最低销售价格 P_m^1 实际上等同他们对风险赌博的确定性等价值(certainty equivalent)。因此,通过假设投资者的效用函数 $V(\cdot)$ 不随时间改变形状,本书可以反解出隐含的时刻 1 的参考点 R_1:

$$V(P_m^1 - R_1) = p \cdot V(P_2^{\mathrm{H}} - R_1) + (1-p) \cdot V(P_2^{\mathrm{L}} - R_1) \qquad (2.20)$$

其中, p 和 $1-p$ 分别是上行概率和下行概率, 效用函数 $V(\cdot)$ 是 Tversky 和 Kahneman (1992) 提出的 S 型价值函数 (分段幂函数):

$$V(x) = \begin{cases} x^{\alpha}, & x \geqslant 0 \\ -\lambda(-x)^{\alpha}, & x < 0 \end{cases}$$

然后, 假设初始参考点 $R_0 = P_0$, 则本书可以计算获益和损失后参考点动态调整的幅度, $|R_1(P_1) - R_0|$。

本书的对照组与 Arkes 等 (2008) 有一个很小的区别: 本书通过 z-Tree 软件实现股票交易实验, 股票价格由计算机仿真模拟而不是现场抛硬币。因此, 本书可以更灵活地分配上行概率 p。本书的对照组旨在复现 Arkes 等 (2008) 的实验 6, 因而设定 $p^{\mathrm{con}} = 0.5$(基准市场)。实验组与对照组基本相同, 只是本书将上升概率增大到 $p^{\mathrm{exp}} = 0.6$ (一个好的市场)。每个参与者, 包括对照组和实验组, 都玩了 10 次这个两阶段的游戏。因此, 参与者会遭遇不止一次的先前收益 ($P_1^{\mathrm{H}} = 36$) 或先前损失 ($P_1^{\mathrm{L}} = 24$)。然后, 本书分析他们首次报告的最低售价 P_m^1 和多次报告最低售价的平均值 $\bar{P}_m^1$。

2.4.4　实验假设

本书进行对照组实验主要是为了检验本书的研究方式或者本书的实验对象与 Arkes 等 (2008) 相比是否存在显著差异。如果存在任何差异, 那么差异的来源应该是不同的实验设计, 即股票回报的差异, 而不是本书实验方法的差异或者被试对象的差异。因此, 本书第一个猜想是: 参照点的非对称适应同样在本书的被试对象中存在。

猜想 2.1　假设 $R_0 = P_0$, 本书的对照组将复现 Arkes 等 (2008) 发现的非对称更新模式: **参考点对损失和收益都是部分调整, 且对收益的适应比对损失的适应要来得快**, 即 $R_1^{\mathrm{con}}(P_1^{\mathrm{H}}) > P_0$, $R_1^{\mathrm{con}}(P_1^{\mathrm{L}}) < P_0$ 和 $|R_1^{\mathrm{con}}(P_1^{\mathrm{H}}) - P_0| > |R_1^{\mathrm{con}}(P_1^{\mathrm{L}}) - P_0|$。

本书提出了一个正强化系数来捕捉不对称适应并检验其影响。在正强化假设下 (a_g 为正)，投资者对价格上涨的敏感度远大于对价格下跌的敏感度 ($a + a_g > a$)。从而，实验组 (好的市场) 的参与者通常比对照组 (基准市场) 的参与者具有更高的敏感性系数。因此，如果正强化确实对参考点的形成和更新起作用，可以预期实验组的参与者在经历价格上涨后的参考点会高于对照组的参与者。相比之下，由于 a_g 只出现在价格上涨时，两组参与者在经历价格下跌后的参考点下调应该不会有显著性的差异。

猜想 2.2 当经历前期盈利时，实验组参与者的参考点显著高于对照组参与者的参考点，也就是 $R_1^{\exp}(P_1^{\mathrm{H}}) > R_1^{\mathrm{con}}(P_1^{\mathrm{H}})$；当经历前期损失时，两组参考点 $R_1^{\exp}(P_1^{\mathrm{L}})$ 与 $R_1^{\mathrm{con}}(P_1^{\mathrm{L}})$ 之间无显著差异。

2.4.5 主要发现

在本书的实验中用组内比较（within-subject comparison）来检验猜想 2.1，用组间比较（between-subject comparison）来检验猜想 2.2。在本书的对照组中，通过假设 $R_0 = P_0$ 并求解式 (2.20)，本书得到了与 Arkes 等 (2008) 相似的非对称模式。本书总结了参考点动态调整的结果 $|R_1 - R_0|$，并与 Arkes 等 (2008) 实验 6 结果进行对比。表 2.4 汇报了不同的参数下 $\alpha = 0.2$, $\alpha = 0.5$ 和 $\alpha = 0.88$ 的 $|R_1 - R_0|$ 取值情形。

表 2.4 的左侧三列报告了对照组中获益和损失后参考点调整的平均值。为了方便比较，本书还在表 2.4 的右侧重现了 Arkes 等 (2008) 的表 4 和表 5。在表格中，n 为本书可以通过式 (2.20) 求解参考点 R_1 的数据点个数。注意，在本书的对照组中，有 4 名参与者将 P_2^{H} 或 P_2^{L} 作为他们的最低售价。正如 Arkes 等 (2008) 所提到的，选择报告极端最低销售价格表明极度追求风险或厌恶风险。对于这 4 个观测值，无论 α 的取值是多少，式 (2.20) 都没有解。因此，本书从数据集中删除这 4 个观察值。由于在本书的对照组中，每个参与者在游戏中都遇到了多次的

获益和损失，表 2.4 的"首次/平均报告"行代表了求解方程 (2.20) 时分别使用首次/平均报告的最低销售价格。可以很容易地看到"平均报告"比"首次报告"不对称性要弱得多。

表 2.4　对照组的参考点动态调整及与 Arkes 等 (2008) 结果比较

更新系数取值	报告类型	Arkes 等 (2008) 实验		对照组实验	
		前期收益	前期损失	前期收益	前期损失
$\alpha = 0.2$	首次报告	5.75(n=100)	5.13(n=100)	5.13(n=63)	4.00(n=63)
	平均报告	6.10(n=100)	5.55(n=100)	5.36(n=63)	4.48(n=63)
	均值水平	5.93	5.34	5.25	4.24
$\alpha = 0.5$	首次报告	6.30(n=93)	4.82(n=84)	5.72(n=58)	3.73(n=48)
	平均报告	6.67(n=89)	5.12(n=83)	5.92(n=57)	4.11(n=51)
	均值水平	6.48	4.97	5.82	3.92
$\alpha = 0.88$	首次报告	7.41(n=47)	4.15(n=36)	8.11(n=26)	2.63(n=18)
	平均报告	8.06(n=47)	3.90(n=39)	7.97(n=29)	2.84(n=23)
	均值水平	7.74	4.02	8.04	2.73

从表 2.4 可以看出，本书的猜想 2.1 是成立的：在本书的对照组中，Arkes 等 (2008) 提出的非对称调整模式仍然存在。当 α 从 0.2 增加到 0.88 时这种非对称模式变得更强。此外，本书进行了 2×2 方差分析 (先前结果：前期收益/损失 × 报告类型：首次/平均报告)，以进行受试者组内比较。本书发现，先前结果效应显著 ($F = 13.645, p < 0.01$)，报告类型效应不显著 ($F = 1.722, p = 0.191$)，交互作用也不显著 ($F = 0.222, p = 0.638$)。此外，R_1^{con} 对先前收益和损失的 95% 置信区间估计分别为 [4.864,5.619] 和 [3.862,4.617]。收益和损失后的置信区间没有重叠，再次证实了参考点调整的不对称性。因此，本书的实验结果验证了猜想 2.1。

本书进一步进行了受试者之间的组间比较，以检验本书的猜想 2.2。表 2.5 报告了对照组和实验组的 R_1 平均值。从表 2.5 可以很容易地看出 R_1^{con} 和 R_1^{exp} 之间的区别在收益时要大于损失时。表 2.6 的检验结果进一步证实了这一观察结果。表 2.6 报告 Mann-Whitney-U 检验和 t 检验的结果。统计上显著的结果以黑体数字显示。对于前期收益，本书发现对照和实验处理之间的差异是显著的，通过 Mann-Whitney-U 检验和两样本 t 检验。[①] 此外，对照组和实验组的 $R_1^{\mathrm{con}}(P_1^{\mathrm{H}})$ 和 $R_1^{\exp}(P_1^{\mathrm{H}})$95% 的置信区间估计分别是 [34.481, 35.774] 和 [36.073, 37.587]。没有重叠的区间估计再次证实了在经历了前期收益时的显著差异。对于前期损失，Mann-Whitney-U 检验和两样本 t 检验均表明对照与实验处理之间无显著差异。综上所述，本书的结果证实了猜想 2.2，并支持了本书的正强化假设。

表 2.5   对照和实验处理组的平均参考点 R_1

$\alpha = 0.2$	对照组 ($n = 63$) R_1^{con}		实验组 ($n = 46$) $R_1^{\exp}$	
	首次报告	平均报告	首次报告	平均报告
前期收益	35.127	35.356	36.830	36.338
前期损失	26.003	25.519	26.311	25.773

表 2.6   对照与实验处理组的差异检验

$\alpha = 0.2$	首次报告		平均报告	
	前期收益	前期损失	前期收益	前期损失
Mann-Whitney-U 检验 p 值	**0.004**	0.586	**0.047**	0.533
两样本 t 检验 p 值	**0.001**	0.403	**0.033**	0.465

2.4.6 检验 $g(\cdot)$ 函数形式

通过前面的实验分析，本书验证了参考点的非对称动态调整确实存在于本书的被试对象身上，同时参考点的动态调整方式与正强化理论一致。从模型的角度，本书的正强化参考点动态调整关键点在于式（2.3）

---

① 由于空间限制，表 2.6 只报告了 $\alpha = 0.2$ 的结果。对于 $\alpha = 0.5$，样本量较小，结果更强：首次报告的 $p = 7.0 \times 10^{-5}$，平均报告的 $p = 0.001$。对于 $\alpha = 0.88$，由于样本太小 (约 10 个样本)，对照组与实验组的差异不能通过检验。

代表的不对称的函数形式 $g(\cdot)$。虽然从实验结果直接验证具体的函数形式几乎不可能的，但一些简单的版本的函数形式可能值得一试。在本书的理论模型框架下重新思考实验设计，本书可以将其理解为一个两期的"买入并持有"模型：

$$W_0 = P_0 = \text{HKD } 30 \, , \; x_0 = x_1 = 1$$

股票收益率服从二项分布 $r_1 = \{0.2, -0.2\}$ 概率为 $\{p, 1-p\}$。类似 2.3 节，在买入并持有的情况下 W_1^{rp} 和 W_1 可以简化为更简单的式 (2.16) 和式 (2.17)。此外，由于 r_1 只有两种情况，复杂函数 $g(\cdot)$ 可以进一步简化为

$$g(r_1) = \begin{cases} g^+, & r_1 = 0.2 \\ g^-, & r_1 = -0.2 \end{cases} \tag{2.21}$$

g^+, g^- 是两个待定系数，后续可以从实验数据中确定。在式 (2.21) 这个简单版本的 $g(\cdot)$ 情形下，正强化意味着 $|g^+| > |g^-|$。

本书进一步利用实验数据来验证 $|g^+| > |g^-|$ 是否成立。假设有一位典型的代表性投资者，其参考点与表 2.4 报告的平均值完全相同。然后，将表 2.4 中的参考点代入式 (2.17) 中的 W_1^{rp} 就可以确定代表性投资者典型的 g^+ 和 g^- 取值。本书将结果汇总在表 2.7 中。可以很容易地看到，这两个参与者群体 (本书实验中的参与者和 Arkes 等 (2008) 实验中的参与者) 都满足 $|g^+| > |g^-|$。

表 2.7　代表性投资者 g^+ 和 g^- 的典型取值

$\alpha = 0.2$	对照组		Arkes 等 (2008)	
	首次报告	平均报告	基准组别	出售/再次购买
g^+	0.17	0.18	0.19	0.20
g^-	−0.13	−0.15	−0.17	−0.18

2.5 非对称参考点动态调整的另一种建模形式

2.5.1 另一种模型

通过省略"中间"完全适应区域，本书前面讨论的参考点动态变化的模型可以简化如下：

$$W_t^{\mathrm{rp}} = W_{t-1} + x_{t-1}P_{t-1}g_t(r_t)$$

其中，

$$g_t(x) = \begin{cases} (a + a_g)x, & x \geqslant 0 \\ ax, & -1 < x < 0 \end{cases}$$

$0 < a < 1$，$0 < a + a_g < 1$，$a_g > 0$。a_g 是额外的向上系数。在这个原始模型中，新的参考点是基于财富水平推导出来的，独立于之前的参考点 (无记忆)。这种设置可能与 Arkes 等 (2008) 的研究不一致。

用一个例子来阐明本书的想法。假设一个投资者将他所有的初始财富全部拿来以 $P_0 = 100$ 美元的价格购买了一只股票。因此初始财富 $W_0 = P_0$。然后，如果投资者设置他的初始参考点为 $W_0^{\mathrm{rp}} = 120$ 美元。当第一期的实际收益率 $r_1 = 0.1$ 时，也就是 $W_1 = 110$，在这种情况下，投资者主观地将这一正收益 (客观收益) 看作相对于预先确定的参考点的"损失"。在原模型中，投资者将根据以下公式更新参考点：

$$W_1^{\mathrm{rp}} = W_0 + x_0 P_0\, g(0.1), \quad W_1^{\mathrm{rp}} \in [100, 110] \tag{2.22}$$

即投资者将他的参考点更新到 100~110 美元的某个水平。

在上述讨论的启发下，本书建立了另一个参考点递归更新模型：

$$W_t^{\mathrm{rp}} = \begin{cases} W_{t-1}^{\mathrm{rp}} + \alpha\left(W_t - W_{t-1}^{\mathrm{rp}}\right), & W_t \geqslant W_{t-1}^{\mathrm{rp}} \Leftrightarrow r_t \geqslant \dfrac{W_{t-1}^{\mathrm{rp}} - W_{t-1}}{x_{t-1}P_{t-1}} \\ W_{t-1}^{\mathrm{rp}} + \beta\left(W_t - W_{t-1}^{\mathrm{rp}}\right), & W_t < W_{t-1}^{\mathrm{rp}} \Leftrightarrow r_t < \dfrac{W_{t-1}^{\mathrm{rp}} - W_{t-1}}{x_{t-1}P_{t-1}} \end{cases}$$

$$\tag{2.23}$$

$0 < \beta < \alpha < 1$，α 为"收益"的更新系数，β 为"损失"的更新系数。可以看出，这种递归更新模型下，新的参考点 W_1^{rp} 并不独立于旧的参考点 W_0^{rp}。

回到前面的例子。在这种情况下，投资者认为 $r_1 = 0.1$ 是一个"损失"，因为参考点是 $W_0^{\mathrm{rp}} = 120$。现在，他将参考点部分调低至 120 以下的某个数值，但仍可能高于 110。这两个参考点更新公式的本质区别在于更新的起始点不同，式 (2.23) 的起始点是原始参考点 W_0^{rp}，式 (2.22) 的起始点是初始财富水平 W_0。此外，起始点决定了什么被称为"前期收益"。在式 (2.22) 中，所有正的回报对应于"前期收益"情况。而式 (2.23) 中，只有超过阈值的正收益，也就是 $r_1 > \dfrac{W_0^{\mathrm{rp}} - W_0}{x_0 P_0}$ 才对应"前期收益"。在 Arkes 等（2008）的实验设置中，没有这种混淆，因为他们假设 $W_0^{\mathrm{rp}} = W_0$。

2.5.2　多期投资组合选择模型及其求解

根据新的参考点动态更新模型 (2.23)，本书提出如下新的**带参考点动态调整多期效用最大化模型**：

$$(\mathrm{P}) \quad \max_{\{x_0 \geqslant 0, \cdots, x_{T-1} \geqslant 0\}} \quad \mathbb{E}_0 \left(U(W_T | W_{T-1}^{\mathrm{rp}}) \right)$$

$$\text{s.t.} \quad W_{t+1} = W_t + x_t P_t r_{t+1}, \ t = 0, 1, \cdots, T-1$$

$$W_t^{\mathrm{rp}} \text{ 由式 (2.23) 给出，} t = 1, 2, \cdots, T-1$$

其中，初始财富 W_0 和第一个参考点 W_0^{rp} 是预先给定的，假设收益损失效用函数为以下分段线性形式：

$$U(W_T | W_{T-1}^{\mathrm{rp}}) = \begin{cases} (W_T - W_{T-1}^{\mathrm{rp}}), & W_T \geqslant W_{T-1}^{\mathrm{rp}} \\ \lambda(W_T - W_{T-1}^{\mathrm{rp}}), & W_T < W_{T-1}^{\mathrm{rp}} \end{cases} \quad (2.24)$$

利用动态规划，本书可以完全求解 (P) 问题。首先，大致地给出了求解过程。在 $T-1$ 时期的开始，投资者求解：

$$J_{T-1}(W_{T-1}|W_{T-2}^{\mathrm{rp}}) := \max_{\{x_{T-1}\geqslant 0\}} \mathbb{E}_{T-1}\left(U(W_T|W_{T-1}^{\mathrm{rp}})\right)$$

其中，$\mathbb{E}_t(\cdot)$ 是基于 t 期信息的条件期望，也就是 $\mathbb{E}_t(\cdot) = \mathbb{E}(\cdot\mid\mathcal{F}_t)$。在 t 初期，$t = t-2, t-3, \cdots, 1$，投资者求解动态规划递归方程如下：

$$J_t(W_t|W_{t-1}^{\mathrm{rp}}) := \max_{\{x_t\geqslant 0\}} \mathbb{E}_t\left(J_{t+1}(W_{t+1}|W_t^{\mathrm{rp}})\right)$$

最后，时刻 0，投资者通过求解下式来结束递归：

$$v(P) := \max_{\{x_0\geqslant 0\}} \mathbb{E}_0\left(J_1(W_1|W_0^{\mathrm{rp}})\right)$$

其中，$v(P)$ 是问题 (P) 的最优解。

本书考虑股票超额收益服从任意下有界 $(r_t > -1)$ 连续分布，并假定其概率密度函数为 f。在介绍主要定理之前，本书首先定义两个条件和一些符号。

假设 2.2 对于 $t = T-1, T-2, \cdots, 0$，股票回报 r_{t+1} 满足

条件 a: $\left[\int_0^{+\infty} r_{t+1}f(r_{t+1})\mathrm{d}r_{t+1} + \dfrac{(1-\beta)B_{t+1}}{(1-\alpha)A_{t+1}}\int_{-1}^0 r_{t+1}f(r_{t+1})\mathrm{d}r_{t+1}\right] < 0;$

条件 b: $\mathbb{E}[r_{t+1}] > 0$。

其中，A_t 和 B_t 满足下列逆向递归：

$$A_t = (1-\alpha)A_{t+1}\int_{\hat{k}_t}^{+\infty}\left(1-\frac{r_{t+1}}{\hat{k}_t}\right)f(r_{t+1})\mathrm{d}r_{t+1}$$

$$+ (1-\beta)B_{t+1}\int_{-1}^{\hat{k}_t}\left(1-\frac{r_{t+1}}{\hat{k}_t}\right)f(r_{t+1})\mathrm{d}r_{t+1} \qquad (2.25)$$

$$B_t = (1-\alpha)A_{t+1}\int_{\tilde{k}_t}^{+\infty}\left(1-\frac{r_{t+1}}{\tilde{k}_t}\right)f(r_{t+1})\mathrm{d}r_{t+1}$$

$$+ (1-\beta)B_{t+1} \int_{-1}^{\tilde{k}_t} \left(1 - \frac{r_{t+1}}{\tilde{k}_t}\right) f(r_{t+1}) \mathrm{d}r_{t+1} \tag{2.26}$$

具有边界条件 $A_T = 1/(1-\alpha)$ 和 $B_T = \lambda/(1-\beta)$, $\hat{k}_t < 0$ 和 $\tilde{k}_t > 0$ 是下面方程的两个解:

$$D_t(k) := (1-\alpha)A_{t+1} \int_k^{+\infty} r_{t+1} f(r_{t+1}) \mathrm{d}r_{t+1}$$

$$+ (1-\beta)B_{t+1} \int_{-1}^k r_{t+1} f(r_{t+1}) \mathrm{d}r_{t+1} = 0 \tag{2.27}$$

定义 2.1   定义比率

$$\lambda_t = \frac{(1-\beta)B_{t+1}}{(1-\alpha)A_{t+1}}$$

作为损失收益效用函数 $J_{t+1}(W_{t+1}|W_t^{\mathrm{rp}})$ 第 t 期的诱导出的损失厌恶系数, $t = 0, 1, \cdots, T-1$, 其中 A_{t+1} 和 B_{t+1} 分别由式 (2.25) 及式 (2.26) 给出.

评论 2.2   假设 2.2 的两个条件保证 $\lambda_t > 1$, 从而使得诱导出的损失收益效用函数 $J_{t+1}(\cdot)$ 仍然是关于 x_t 的凸函数.

定理 2.3   最优解结构有如下几种情况:

(1) 当假设 2.2 中的两个条件都满足时, 最优持有量 x_t^* ($t = T-1, T-2, \cdots, 1$) 有以下的形式:

$$x_t^* = \begin{cases} \dfrac{-(1-\alpha)(W_t - W_{t-1}^{\mathrm{rp}})}{\hat{k}_t P_t}, & W_t \geqslant W_{t-1}^{\mathrm{rp}} \\[3mm] \dfrac{-(1-\beta)(W_t - W_{t-1}^{\mathrm{rp}})}{\tilde{k}_t P_t}, & W_t < W_{t-1}^{\mathrm{rp}} \end{cases} \tag{2.28}$$

以及相应的收益 $J_t(W_t|W_{t-1}^{\mathrm{rp}})$ ($t = T-1, \cdots, 1$) 由下式得到:

$$J_t(W_t|W_{t-1}^{\mathrm{rp}}) = \begin{cases} (1-\alpha)A_t(W_t - W_{t-1}^{\mathrm{rp}}), & W_t \geqslant W_{t-1}^{\mathrm{rp}} \\[3mm] (1-\dot{\beta})B_t(W_t - W_{t-1}^{\mathrm{rp}}), & W_t < W_{t-1}^{\mathrm{rp}} \end{cases} \tag{2.29}$$

其中，$A_t, B_t, \hat{k}_t, \tilde{k}_t$ 由式 (2.25) $\sim$ 式 (2.27) 给出。此外，时刻 0 的最佳持有量 x_0^* 的形式为

$$
x_0^* = \begin{cases} \dfrac{-(W_0 - W_0^{\mathrm{rp}})}{\hat{k}_0 P_0}, & W_0 \geqslant W_0^{\mathrm{rp}} \\[3mm] \dfrac{-(W_0 - W_0^{\mathrm{rp}})}{\tilde{k}_0 P_0}, & W_0 < W_0^{\mathrm{rp}} \end{cases} \tag{2.30}
$$

(2) 当条件 a 被违背时，最优持有量 $x_t^* = +\infty$；

(3) 当条件 b 被违背时，最优持有量 $x_t^* = 0$；

(4) 两个条件不能同时被违背。

2.6　　结　　论

本章的第一个贡献是提出一个动态过程以建模参考点的更新过程。本书提出的参考点自适应过程与文献中已有的参考点模型有很大的不同。参考点要么被定义为 $\mathcal{F}_T$-可测随机变量 (Jin and Zhou, 2008; De Giorgi and Post, 2011)，要么依赖于某个外生给定的动态参考轨迹 (Jin and Zhou, 2008; Barberis and Xiong, 2009; Meng and Weng, 2018)。此外，从建模的角度来看，本书的参考点模型足够丰富。通过选择合适的 $g_t(\cdot)$ 函数形式，可以包含大多数参考点自适应模式。尽管本书采用的是正强化模式，但可以进一步考虑其他不同的模式。

本章的第二个贡献是考虑参考点动态调整和损失厌恶对个体投资者行为的联合影响。本书提供了一个精简的基于参考点动态调整的投资组合优化模型，并基于此模型解释了处置效应。本书从理论上验证了 Arkes 等 (2008) 提出的非对称参考点动态调整可能解释处置效应的猜想。本书相信，参考点动态调整可以进一步解释金融市场中更多的反常现象，并希望在未来研究中沿此推进。

2.7　附　　录

2.7.1　定理 2.1 的证明

证明　用动态规划方法求解问题 (P)。在时刻 $T-1$，投资者选择最优 x_{T-1}，使以下目标函数最大化：

$$\max_{\{x_{T-1}\geqslant 0\}} \mathbb{E}_{T-1}\left[\beta_{T-1}U(W_T|W_{T-1}^{\mathrm{rp}})\right] := H(x_{T-1})$$

因为 $W_T - W_{T-1}^{\mathrm{rp}} = (W_{T-1} - W_{T-1}^{\mathrm{rp}}) + x_{T-1}P_{T-1}r_T$，存在一个收益率 r_T 的分界点，记为

$$k(x_{T-1}) = \frac{W_{T-1}^{\mathrm{rp}} - W_{T-1}}{x_{T-1}P_{T-1}}$$

这个分界点将未来财富水平 W_T 划分为收益或损失，即

(1) 当 $r_T \geqslant k(x_{T-1})$ 时，　$W_T \geqslant W_{T-1}^{\mathrm{rp}}$；

(2) 当 $r_T < k(x_{T-1})$ 时，　$W_T < W_{T-1}^{\mathrm{rp}}$。

因此目标函数 $H(x_{T-1})$ 变成

$$H(x_{T-1})$$
$$= \int_{k(x_{T-1})}^{+\infty} (W_T - W_{T-1}^{\mathrm{rp}})f(r_T)\mathrm{d}r_T + \int_{-1}^{k(x_{T-1})} \lambda(W_T - W_{T-1}^{\mathrm{rp}})f(r_T)\mathrm{d}r_T$$

$H(x_{T-1})$ 的一阶导数和二阶导数分别为

$$\frac{\partial H(x_{T-1})}{\partial x_{T-1}}$$
$$= \int_{k(x_{T-1})}^{+\infty} \frac{\partial(W_T - W_{T-1}^{\mathrm{rp}})}{\partial x_{T-1}}f(r_T)\mathrm{d}r_T$$
$$+ \int_{-1}^{k(x_{T-1})} \lambda\frac{\partial(W_T - W_{T-1}^{\mathrm{rp}})}{\partial x_{T-1}}f(r_T)\mathrm{d}r_T$$

$$= P_{T-1} \cdot D_{T-1}(k)$$

其中，$D_{T-1}(k) = \left(\int_{k(x_{T-1})}^{+\infty} r_T f(r_T) \mathrm{d}r_T + \int_{-1}^{k(x_{T-1})} \lambda r_T f(r_T) \mathrm{d}r_T \right)$，进而

$$\frac{\partial H^2(x_{T-1})}{\partial x_{T-1}^2}$$

$$= P_{T-1}(\lambda - 1) k(x_{T-1}) f(k(x_{T-1}) k'(x_{T-1}))$$

$$= P_{T-1}(\lambda - 1) f(k(x_{T-1})) \left(\frac{W_{T-1}^{\mathrm{rp}} - W_{T-1}}{P_{T-1}} \right)^2 \left(-\frac{1}{x_{T-1}^3} \right)$$

$$\leqslant 0$$

因此目标函数 $H(x_{T-1})$ 是关于 x_{T-1} 的凸函数，而且其一阶导数线性依赖于 $D_{T-1}(k)$，因此线性依赖于 $k(x_{T-1})$。将一阶最优性条件应用于 $H(x_{T-1})$，令 $D_{T-1}(k) = 0$，得到最优分界点 k^*，然后通过求解 $k(x_{T-1}^*) = k^*$，得到相应的最优控制 x_{T-1}^*。

因为

$$\frac{\partial D_{T-1}(k)}{\partial k} = ((\lambda - 1) f(k)) k$$

函数 $D_{T-1}(k)$，当 $k < 0$ 时单调递减，当 $k > 0$ 时单调递增。根据函数 $D_{T-1}(k)$ 这样的性质，在时刻 $T - 1$，x_{T-1}^* 的最优头寸具有如下结构：

(1) 当两个条件都满足时 $D_{T-1}(k) = 0$ 有两个解：$k_{T-1} < 0$ 和 $h_{T-1} > 0$。由于 $k_{T-1} < 0$，求解 $k(x_{T-1}^*) = k_{T-1}$ 相当于在条件 $W_{T-1}^{\mathrm{rp}} < W_{T-1}$ 下求解

$$x_{T-1}^* = \frac{W_{T-1}^{\mathrm{rp}} - W_{T-1}}{k_{T-1} P_{T-1}}$$

同样地，因为 $h_{T-1} > 0$，求解 $k(x_{T-1}^*) = h_{T-1}$ 相当于在条件 $W_{T-1}^{\mathrm{rp}} > W_{T-1}$ 下求解

$$x_{T-1}^* = \frac{W_{T-1}^{\mathrm{rp}} - W_{T-1}}{h_{T-1} P_{T-1}}$$

现在本书考虑 $W_{T-1} = W_{T-1}^{\mathrm{rp}}$ 时的情况,也就是 $W_T - W_{T-1}^{\mathrm{rp}} = x_{T-1}P_{T-1}r_T$。在这种情况下目标函数变成

$$H(x_{T-1})$$

$$= x_{T-1}P_{T-1}\left(\int_0^{+\infty} r_{t+1}f(r_{t+1})\mathrm{d}r_{t+1} + \int_{-1}^0 \lambda r_{t+1}f(r_{t+1})\mathrm{d}r_{t+1}\right)$$

当条件 a 在 $T-1$ 时刻满足且没有卖空限制时, 最优策略是 $x_{T-1}^* = 0$。因此本书得到 $t = T - 1$ 时的最优头寸 x_{T-1}^*。将最优解 x_{T-1}^* 代回目标函数, 得到 $t = T - 1$ 时期的最大化效用 $J_{T-1}(W_{T-1}, W_{T-1}^{\mathrm{rp}}) = \mathbb{E}_{T-1}\left(U(W_T|W_{T-1}^{\mathrm{rp}})\right) = H(x_{T-1}^*)$。

(2) 当条件 a 被违背时, $D_{T-1}(0) > 0$,对于所有 k 有 $D_{T-1}(k) > 0$。因此, $\dfrac{\partial H(x_{T-1})}{\partial x_{T-1}}$ 总是为正, 最优解 x_{T-1}^* 趋近于无穷。

(3) 当条件 b 被违背时, 也就是 $D_{T-1}(-\infty) < 0$。从定义中可以得到 $D_{T-1}(\infty) = \lambda D_{T-1}(-\infty)$, 有 $D_{T-1}(\infty) < 0$。因此, 对于所有 k 有 $D_{T-1}(k) < 0$。最优解 x_{T-1}^* 应该取它的下界 0。

(4) 假设两个条件都违背了, 进而 $D_{T-1}(0) > 0$ 且 $D_{T-1}(-\infty) < 0$, 这与 $D_{T-1}(k)$ 在 $k < 0$ 时递减相矛盾。因此,这两个条件不能同时违背。

到目前为止, 本书已经证明了在 $T-1$ 时刻定理 2.1 的结论。下面将用逆向归纳来证明剩下的部分。本书定义 (P) 在时刻 t 的值函数为

$$J_t(W_t, W_t^{\mathrm{rp}}) = \max_{\{x_t \geqslant 0, \cdots, x_{T-1} \geqslant 0\}} \mathbb{E}_t\left(\sum_{s=t}^{T-1} \beta_s U(W_{s+1}|W_s^{\mathrm{rp}})\right)$$

根据最优性原则, 它满足下面的递归方程, $t = T-1, T-2, \cdots, 0$,

$$J_t(W_t, W_t^{\mathrm{rp}}) = \max_{\{x_t \geqslant 0\}} \mathbb{E}_t\left(\beta_t U(W_{t+1}|W_t^{\mathrm{rp}})\right) + \mathbb{E}_t\left(J_{t+1}(W_{t+1}, W_{t+1}^{\mathrm{rp}})\right)$$

假设定理 2.1 的结论在 $t+1$ 时刻成立。在时刻 t, 投资者选择最优 x_t^*, 使以下目标函数最大化:

$$\mathbb{E}_t\left(\beta_t U(W_{t+1}|W_t^{\mathrm{rp}})\right) + \mathbb{E}_t\left(J_{t+1}(W_{t+1}, W_{t+1}^{\mathrm{rp}})\right)$$

$$= \beta_t H(x_t) + x_t P_t M_{t+1} := h(x_t)$$

其中

$$H(x_t)$$
$$= \int_{k(x_t)}^{+\infty} (W_{t+1} - W_t^{\mathrm{rp}}) f(r_{t+1}) \mathrm{d}r_{t+1} + \int_{-1}^{k(x_t)} \lambda (W_{t+1} - W_t^{\mathrm{rp}}) f(r_{t+1}) \mathrm{d}r_{t+1}$$

本书想证明在 t 时刻的目标函数 $h(x_t)$ 仍然是 x_t 的凸函数。作为目标 $h(x_t)$ 的一阶导数和二阶导数:

$$\frac{\partial h(x_t)}{\partial x_t} = \beta_t \frac{\partial H(x_t)}{\partial x_t} + P_t M_{t+1} = P_t \cdot D_t(k)$$

$$\frac{\partial h^2(x_t)}{\partial x_t^2} = \frac{\partial H^2(x_t)}{\partial x_t^2} = P_t(\lambda - 1) f(k(x_t)) \left(\frac{W_t^{\mathrm{rp}} - W_t}{P_t}\right)^2 \left(-\frac{1}{x_t^3}\right) \leqslant 0$$

目标函数 $h(x_t)$ 仍旧是关于 x_t 的凸函数,其一阶导数线性依赖于 $D_t(k)$,因此线性依赖于 $k(x_t)$。此外,函数 $D_t(k)$ 当 $k < 0$ 时单调递减,当 $k > 0$ 时单调递增。证明的其余部分可以与前面对于时刻 $T-1$ 的证明类似得到。 □

2.7.2 定理 2.2 的证明

证明 本书首先考虑前期收益的情况。当 $r_1 > 0$ 时,目标函数简化为

$$\max_{\{W_1^{\mathrm{rp}} \in [W_0, W_1]\}} \quad W := (W_1^{\mathrm{rp}} - W_0)$$

$$+ \int_{-\frac{W_1 - W_1^{\mathrm{rp}}}{x_1 P_1}}^{+\infty} \left((W_1 - W_1^{\mathrm{rp}}) + x_1 P_1 r_2\right) f(r_2) \mathrm{d}r_2$$

$$+ \lambda_2 \int_{-\pi}^{-\frac{W_1 - W_1^{\mathrm{rp}}}{x_1 P_1}} \left((W_1 - W_1^{\mathrm{rp}}) + x_1 P_1 r_2\right) f(r_2) \mathrm{d}r_2$$

考虑参考点 W_1^{rp} 在区域 $[W_0, W_1]$ 内移动时的边际效用，

$$\frac{\mathrm{d}W}{\mathrm{d}W_1^{\text{rp}}} = (1 - \lambda_2) P\left(-\pi \leqslant r_2 \leqslant -\frac{W_1 - W_1^{\text{rp}}}{x_1 P_1}\right)$$

$$\begin{cases} = 0, & \text{对于} W_1 - W_1^{\text{rp}} > x_1 P_1 \pi \\ < 0, & \text{对于} W_1 - W_1^{\text{rp}} \leqslant x_1 P_1 \pi \end{cases}$$

因此，在经历前期收益时，最优的更新规则是平移参考点 $(W_1^{\text{rp}})^*$ 向上，直到达到临界值，即满足 $W_1 - (W_1^{\text{rp}})^* = x_1 P_1 \pi$，其中，$x_1 P_1 \pi$ 是未来最坏的损失。将 $(W_1^{\text{rp}})^* = (1 - \pi) W_1$ 代入等式 (2.17) 得到 $(g_1^{\text{rp}})^* = (1 - \pi)(1 + r_1) - 1$。

现在继续处理前期损失的情况。当 $r_1 < 0$ 时，目标函数变为

$$\max_{\{W_1^{\text{rp}} \in [W_1, W_0]\}} \quad W := \lambda_1 \left(W_1^{\text{rp}} - W_0\right)$$

$$+ \int_{-\frac{W_1 - W_1^{\text{rp}}}{x_1 P_1}}^{+\infty} \left((W_1 - W_1^{\text{rp}}) + x_1 P_1 r_2\right) f(r_2) \mathrm{d}r_2$$

$$+ \lambda_2 \int_{-\pi}^{-\frac{W_1 - W_1^{\text{rp}}}{x_1 P_1}} \left((W_1 - W_1^{\text{rp}}) + x_1 P_1 r_2\right) f(r_2) \mathrm{d}r_2$$

令 $W_1^{\text{rp}} = W_0(1 + l r_1)$，进而 $l \in [0, 1]$。如果 $\lambda_1 = \lambda_2$，在损失后向下移动参考点总是会得到负效用，因为

$$\frac{\mathrm{d}W}{\mathrm{d}W_1^{\text{rp}}} = (\lambda_2 - 1) P\left(r_2 \geqslant -\frac{W_1 - W_1^{\text{rp}}}{x_1 P_1}\right) > 0$$

因此，最佳参考点为 $(W_1^{\text{rp}})^* = W_0$，即不适应任何损失。当 $\lambda_1 < \lambda_2$ 时，

$$d(l) := \frac{\mathrm{d}W}{\mathrm{d}W_1^{\text{rp}}}$$

$$= (\lambda_1 - 1) + (1 - \lambda_2) P\left(-\pi \leqslant r_2 \leqslant (l - 1)\frac{r_1}{1 + r_1}\right), \quad r_1 < 0$$

注意 $d(l)$ 关于 l 单调递增，而且

$$d(0) = (\lambda_1 - 1) + (1 - \lambda_2)P\left(-\pi \leqslant r_2 \leqslant (-r_1)/(1+r_1)\right) < 0$$

$$d(1) = (\lambda_1 - 1) + (1 - \lambda_2)P\left(-\pi \leqslant r_2 \leqslant 0\right) > 0$$

因此，存在 $l^* \in (0,1)$ 满足 $d(l^*) = 0$，是式 (2.19) 的解。此外，总体幸福感 W 关于 l 先增加后减少，这是因为

$$\frac{\mathrm{d}W}{\mathrm{d}l} = \frac{\mathrm{d}W}{\mathrm{d}W_1^{\mathrm{rp}}} \cdot \frac{\mathrm{d}W_1^{\mathrm{rp}}}{\mathrm{d}l} = d(l)W_0 r_1, \quad r_1 < 0$$

换句话说，当 $r_1 < 0$ 时，$(W_1^{\mathrm{rp}})^* = W_0(1 + l^* r_1)$ 确实最大化了总体幸福感 W。 □

2.7.3　定理 2.3 的证明

证明　用动态规划方法求解问题 (P)。在时刻 $T-1$，投资者选择最优 x_{T-1}，使以下目标函数最大化：

$$\max_{\{x_{T-1} \geqslant 0\}} \quad E_{T-1}\left(\beta_{T-1} U(W_T | W_{T-1}^{\mathrm{rp}})\right) := H(x_{T-1})$$

因为 $W_T - W_{T-1}^{\mathrm{rp}} = (W_{T-1} - W_{T-1}^{\mathrm{rp}}) + x_{T-1}P_{T-1}r_T$，回报率 r_T 存在一个分界点，记为

$$k(x_{T-1}) = \frac{-(W_{T-1} - W_{T-1}^{\mathrm{rp}})}{x_{T-1}P_{T-1}}$$

这个分界点将未来财富水平 W_T 划分为收益或损失，即

(1) 当 $r_T \geqslant k(x_{T-1})$ 时，$W_T \geqslant W_{T-1}^{\mathrm{rp}}$；

(2) 当 $r_T < k(x_{T-1})$ 时，$W_T < W_{T-1}^{\mathrm{rp}}$。

因此，目标 $H(x_{T-1})$ 变为

$$H(x_{T-1})$$
$$= \int_{k(x_{T-1})}^{+\infty} (W_T - W_{T-1}^{\mathrm{rp}})f(r_T)\mathrm{d}r_T + \int_{-1}^{k(x_{T-1})} \lambda(W_T - W_{T-1}^{\mathrm{rp}})f(r_T)\mathrm{d}r_T$$

$H(x_{T-1})$ 的一阶导数和二阶导数由以下式子给出:

$$\frac{\partial H(x_{T-1})}{\partial x_{T-1}}$$

$$= \int_{k(x_{T-1})}^{+\infty} \frac{\partial(W_T - W_{T-1}^{\mathrm{rp}})}{\partial x_{T-1}} f(r_T)\mathrm{d}r_T + \int_{-1}^{k(x_{T-1})} \lambda \frac{\partial(W_T - W_{T-1}^{\mathrm{rp}})}{\partial x_{T-1}} f(r_T)\mathrm{d}r_T$$

$$= P_{T-1} \cdot D_{T-1}(k)$$

$$\frac{\partial H^2(x_{T-1})}{\partial x_{T-1}^2}$$

$$= P_{T-1}(\lambda - 1)k(x_{T-1})f(k(x_{T-1})k'(x_{T-1}))$$

$$= P_{T-1}(\lambda - 1)f(k(x_{T-1}))\left(\frac{W_{T-1}^{\mathrm{rp}} - W_{T-1}}{P_{T-1}}\right)^2 \left(-\frac{1}{x_{T-1}^3}\right)$$

$$\leqslant 0$$

其中, $D_{T-1}(k) = \left(\int_{k(x_{T-1})}^{+\infty} r_T f(r_T)\mathrm{d}r_T + \int_{-1}^{k(x_{T-1})} \lambda r_T f(r_T)\mathrm{d}r_T\right)$, 因此目标函数 $H(x_{T-1})$ 是关于 x_{T-1} 的凸函数, 而且其一阶导数线性依赖于 $D_{T-1}(k)$。将一阶最优条件应用于 $H(x_{T-1})$, 令 $D_{T-1}(k) = 0$, 得到 k^*, 也就是方程 (2.27) 在 $t = T - 1$ 时刻的解。然后求解

$$\frac{-(W_{T-1} - W_{T-1}^{\mathrm{rp}})}{x_{T-1}^* P_{T-1}} = k(x_{T-1}^*) = k^*$$

得到相应的最优控制 x_{T-1}^*。

因为

$$\frac{\partial D_{T-1}(k)}{\partial k} = ((\lambda - 1)f(k))\, k$$

所以方程 $D_{T-1}(k)$ 当 $k < 0$ 时单调递减, 当 $k > 0$ 时单调递增。根据函数 $D_{T-1}(k)$ 的这个性质, 在时刻 $T - 1$, x_{T-1}^* 的最优持有量具有如下结构。

(1) 当假设 2.2 的两个条件在时刻 $T-1$ 都满足时,关于 $D_{T-1}(k) = 0$ 的解有两个: $\hat{k}_{T-1} < 0$ 和 $\tilde{k}_{T-1} > 0$。因为 $\hat{k}_{T-1} < 0$,求解 $k(x_{T-1}^*) = \hat{k}_{T-1}$ 意味着在条件 $W_{T-1} > W_{T-2}^{\mathrm{rp}}$ 下解为

$$x_{T-1}^* = \frac{-(1-\alpha)(W_{T-1} - W_{T-2}^{\mathrm{rp}})}{k_{T-1}P_{T-1}}$$

同样地,因为 $\tilde{k}_{T-1} > 0$,求解 $k(x_{T-1}^*) = \tilde{k}_{T-1}$ 意味着在条件 $W_{T-1} < W_{T-2}^{\mathrm{rp}}$ 下,有

$$x_{T-1}^* = \frac{-(1-\beta)(W_{T-1} - W_{T-2}^{\mathrm{rp}})}{\tilde{k}_{T-1}P_{T-1}}$$

现在考虑 $W_{T-1} = W_{T-2}^{\mathrm{rp}}$ 的情况,也就是 $W_T - W_{T-1}^{\mathrm{rp}} = x_{T-1}P_{T-1}r_T$。这种情况下目标函数变成

$$H(x_{T-1})$$
$$= x_{T-1}P_{T-1}\left(\int_0^{+\infty} r_{t+1}f(r_{t+1})\mathrm{d}r_{t+1} + \int_{-1}^0 \lambda r_{t+1}f(r_{t+1})\mathrm{d}r_{t+1}\right)$$

时刻 $T-1$,在条件 a 和卖空限制下,最优策略为 $x_{T-1}^* = 0$。将最优解 x_{T-1}^* 代回目标函数得到最大化效用 $J_{T-1}(W_{T-1}|W_{T-2}^{\mathrm{rp}}) = H(x_{T-1}^*)$。

(2) 当条件 a 被违背时 $D_{T-1}(0) > 0$。因此对所有 k 来说 $D_{T-1}(k) > 0$。因此,$\dfrac{\partial H(x_{T-1})}{\partial x_{T-1}}$ 总是为正,最优解 x_{T-1}^* 趋于无穷。

(3) 当条件 b 被违背时,也就是 $D_{T-1}(-\infty) < 0$。从定义中可以知道 $D_{T-1}(\infty) = \lambda D_{T-1}(-\infty)$,本书有 $D_{T-1}(\infty) < 0$,因此对于所有 k 有 $D_{T-1}(k) < 0$。因此,最优解 x_{T-1}^* 取 0,即它的下界。

(4) 假设这两个条件都违背了,那么 $D_{T-1}(0) > 0$ 且 $D_{T-1}(-\infty) < 0$,这与当 $k < 0$ 时 $D_{T-1}(k)$ 单调递减相违背。因此,这两个条件不能同时违背。

到目前为止,本书已经证明了在时刻 $T-1$ 定理 2.3 的结论。本书将用逆向归纳来证明剩下的部分。一般性地,本书定义 (P) 在时刻 t 的

值函数为

$$J_t(W_t|W_{t-1}^{\mathrm{rp}}) = \max_{\{x_t \geqslant 0, \cdots, x_{T-1} \geqslant 0\}} \mathbb{E}_t \left(U(W_T|W_{T-1}^{\mathrm{rp}}) \right)$$

根据最优性原则，它满足下面的递归方程，$t = T-1, T-2, \cdots, 1$，

$$J_t(W_t|W_{t-1}^{\mathrm{rp}}) = \max_{\{x_t \geqslant 0\}} \mathbb{E}_t \left(J_{t+1}(W_{t+1}|W_t^{\mathrm{rp}}) \right)$$

本书假设定理 2.3 在 $t+1$ 时刻成立。在时刻 t，投资者选择最优 x_t^*，使以下目标函数最大化：

$$\mathbb{E}_t \left(J_{t+1}(W_{t+1}|W_t^{\mathrm{rp}}) \right) := H(x_t)$$

其中

$$H(x_t) = \int_{k(x_t)}^{+\infty} (1-\alpha) A_{t+1}(W_{t+1} - W_t^{\mathrm{rp}}) f(r_{t+1}) \mathrm{d}r_{t+1}$$
$$+ \int_{-1}^{k(x_t)} (1-\beta) B_{t+1}(W_{t+1} - W_t^{\mathrm{rp}}) f(r_{t+1}) \mathrm{d}r_{t+1}$$

本书想证明在 t 时刻的目标 $H(x_t)$ 仍然是 x_t 的凸函数。目标函数 $H(x_t)$ 的一阶导数和二阶导数为

$$\frac{\partial H(x_t)}{\partial x_t} = P_t \cdot D_t(k)$$

$$\frac{\partial H^2(x_t)}{\partial x_t^2} = P_t \left((1-\beta) B_{t+1} - (1-\alpha) A_{t+1} \right) (k(x_t))$$
$$\cdot \left(\frac{W_t^{\mathrm{rp}} - W_t}{P_t} \right)^2 \left(-\frac{1}{x_t^3} \right) \leqslant 0$$

其中，$D_t(k)$ 由等式 (2.27) 给出。由于假设 2.2 的两个条件，$(1-\beta) B_{t+1} - (1-\alpha) A_{t+1} > 0$ 成立，因此目标函数 $H(x_t)$ 仍然是 x_t 的凸函数，其一阶导数线性依赖于 $D_t(k)$。此外，类似于 $D_{T-1}(k)$，函数 $D_t(k)$ 在 $k < 0$ 时为减函数，在 $k > 0$ 时为增函数。对于时刻 t 的证明的其余部分与前面对于时刻 $T-1$ 的证明类似。   □

2.7.4　实验参与者须知

参与者在计算机实验室中完成了他们的股票交易实验。在实验之前，他们被告知整个过程。他们也有机会通过试玩获得经验。由于篇幅限制，本书只提供以下主要的教学内容。

今天你将体验一个虚拟的股票市场。在这个市场你可以买卖股票。类似于真实的股票交易市场，股票价格可能会上涨也可能下跌。你交易的股票为 SEEM 股票，其收益服从二项分布。

假设你以价格 30 港元买入股票 SEEM。为了做出更好的决策，你咨询了几位著名的分析师。几位分析师给出了统一的预测：未来股价以 1/2 概率上涨为 36 港元，1/2 概率下跌为 24 港元。

一个月后，你观察到当时的股票价格 P_1，如上涨至 36 港元。此外，你还知道未来一个月的股票价格依然是两种可能：要么上涨为 42 港元（概率为 0.5），要么下跌至 30 港元（概率为 0.5）。现在你有两个选择：你可以选择通过提交你的最低售价（P_m）出售你的股票给实验员，或者选择持有股票两个月按市场价格卖掉。实验员的出价 P_b 将从股票价格的可能范围中随机抽取，即从 30 港元至 42 港元之间随机抽取。如果随机抽取的价格超过你的最低卖出价（$P_b \geqslant P_m$），你的股票立即以随机抽取价格（P_b）成交。如果随机抽取的价格小于你的最低价（$P_b < P_m$），你将失去把股票卖给实验员的机会，你的股票在两个月结束时以市场价卖出。

为了公平起见，游戏将重复 10 次，10 次交易的总体表现将决定你的交易利润。

你在实验中的反馈对本书非常重要。请仔细思考你的决定。如有问题，请随时向实验员提问。谢谢你的帮助。

实验组的被试对象得到类似的指示，除了股票价格上涨的概率调整为 0.6，而不是对照组的 0.5。

第 3 章　参考点的交互形成与博弈模型

3.1　背景介绍

人们普遍认为，个体的真实选择通常是有参考点的。许多研究者也接受参考点在前景理论中的重要作用。然而，目前的文献研究大多集中于讨论预先给定的固定参考点如何影响决策，而较少关注参考点本身。首先，参考点不应该是固定的，特别是在金融投资领域，它会随着过往财富水平的变化而变化。参考点的动态特征及其对投资者行为的影响还有待研究。因此，第 2 章研究了动态参考点的形成过程及其对投资决策行为的影响。

除了时间维度的动态变化，参考点也会受到空间相互作用的影响。在日常生活中，本书的选择和决定不可避免地会受到社交网络中的朋友和邻居的影响。前景理论提供了一个合适的框架，在该框架中可以将这些社会互动和社会学习特征纳入参考点的形成与更新中，从而使本书能够研究这些社会特征是否影响以及如何影响投资者的行为。更具体地说，不同的人可能有不同的参考点。这些个体的差异性是如何相互作用和演变的？下面的研究旨在初步回答这些问题。

Kahneman 和 Tversky(1979) 首先提出了前景理论 (PT) 用于描述决策者在不确定性下的决策行为。1992 年，他们将前景理论进一步修正为累积前景理论 (CPT)，以使该理论符合一阶随机占优性质。根据 Tversky 和 Kahneman (1992) 的理论，CPT 有四个主要特点：

(1) 效用的载体是相对于某个参考点的损失和收益，而不是绝对的财富水平；

(2) 参考点 θ 定义损失和收益，相应的价值函数在参考点处扭结；

(3) 在收益区域，价值函数是上凹的；在损失区域，价值函数是下凸的；

(4) 概率扭曲函数 (probability weighting, or probability distortion) $T(p)$ 是客观概率 p 的非线性变换，刻画的是决策者往往高估小概率事件。

上述行为特征使本书能够更真实地描述人类决策行为，但同时也使得相应的数学模型难以求解。大多数传统的方法，如凸优化、动态规划和随机控制，在处理这些行为模型时完全失败。

Jin 和 Zhou(2008)，He 和 Zhou (2011) 以及 Shi 等 (2022) 将上述四个特征，特别是概率扭曲特征，整合到行为投资组合模型中。在连续时间框架下，Jin 和 Zhou(2008) 完全解决了完全市场设定下的行为投资组合选择问题。He 和 Zhou (2011) 考虑离散时间框架下的单期行为投资组合模型。在秩依赖效用 (rank dependent utility，RDU) 函数框架下，Shi 等 (2022) 考察了概率扭曲行为特征对于资产定价的影响。与之前的章节不同，本章将考虑一个连续时间模型。使用 Jin 和 Zhou(2008) 的方法，将概率扭曲行为特征纳入本书的模型之中。具体地，本书使用 Jin 和 Zhou(2008) 的模型建模 PT 型投资者行为，进而考虑理性投资者和 PT 型投资者之间的互动或者不同 PT 型投资者之间的相互影响。

本书从回顾 Jin 和 Zhou(2008) 的方法开始。假设 PT 型投资者具有 S 型价值函数和反 S 型概率扭曲函数：

$$u_+(x) = x^\gamma, \quad x \geqslant 0$$

$$u_-(x) = \lambda \cdot x^\gamma, \quad x < 0$$

$$T(p) = \frac{p^\alpha}{(p^\alpha + (1-p)^\alpha)^{1/\alpha}}$$

其中，$\lambda > 1, 0 < \gamma < 1$，并且 α 在收益区域内取值 α^+，在损失区域内

取值 α^-。$0 < \alpha_+ < 1$，$0 < \alpha_- < 1$。设置参考点为 0，投资者的初始财富为 x_0，期末财富水平为 X_T。CPT 框架下的行为投资组合选择问题是在期末财富效用最大化的情况下，找到最优的投资组合。相应的行为投资组合选择模型如下：

$$
\begin{aligned}
\text{(P)} \qquad &\max \qquad \mathbb{E}(V(X_T)) \\
&\text{s.t.} \qquad \mathbb{E}(\xi_T X_T) = x_0 \\
&\qquad\quad\ x_0 \text{ 已给出}
\end{aligned}
$$

其中

$$
V(X) := V_+(X^+) - V_-(X^-)
$$

$$
V_+(Y) := \int_0^{+\infty} T_+(P\{u_+(Y) > y\}) \, \mathrm{d}y
$$

$$
V_-(Y) := \int_0^{+\infty} T_-(P\{u_-(Y) > y\}) \, \mathrm{d}y
$$

ξ_T 为市场上的定价核 (pricing kernel)。

Jin 和 Zhou(2008) 的方法本质上是一种"分开—解决—再合并"的方法。在最后阶段，本书需要解决以下主要问题：

$$
\begin{aligned}
\max \qquad &v(c, x_+) = \varPhi(c)^{1-\gamma} \left(x_+^\gamma - k(c) \cdot (x_+ - x_0)^\gamma \right) \\
\text{s.t.} \qquad &0 \leqslant c \leqslant +\infty, \quad x_+ \geqslant x_0^+ \\
&x_+ = 0, \quad \text{当 } c = 0 \text{ 时} \\
&x_+ = x_0, \quad \text{当 } c = +\infty \text{ 时}
\end{aligned}
$$

其中

$$
\varPhi(c) = \mathbb{E}\left(\left(\frac{T_+'(F(\xi_T))}{\xi_T} \right)^{1/(1-\gamma)} \xi_T \mathbf{1}_{\xi_T \leqslant c} \right)
$$

$$k(c) = \frac{\lambda \cdot T_-(1 - F(c))}{\Phi(c)^{1-\gamma} \left(\mathbb{E}(\xi_T \mathbf{1}_{\xi_T \geqslant c})\right)^{\gamma}}$$

$F(\cdot)$ 是 ξ_T 的分布函数。

由于行为类的投资组合模型很容易不适定 (ill posed)，本书需要添加一些额外的假设使问题本身处于适定状态。Jin 和 Zhou(2008) 提出以下两个条件：

条件 3.1 收益部分扭曲的条件 $T_+(\cdot)$：

$$\frac{F^{-1}(z)}{T'_+(z)} \text{ 非降} \tag{3.1}$$

条件 3.2 损失部分扭曲的条件 $T_-(\cdot)$：

$$\inf_{c>0} k(c) \geqslant 1 \tag{3.2}$$

第一个条件是保证分位数方法 (quantile approach) 能够处理概率扭曲的技术条件。第二个条件有一个直观的理解：主要问题中的变量 $k(c)$ 是一个"收益/成本"度量指标，衡量卖空"坏状态"以资助"好状态"投资的成本，并平衡收益部分和损失部分问题。当 $k(c) \geqslant 1$ 时，卖空"坏状态"来资助"好状态"是不值得的。假设存在某个 c，使得 $k(c) < 1$，并且没有破产限制，PT 型投资者会持续卖空"坏状态"以资助"好状态"，且不用担心出现巨额亏损。在这种情况下，对应一个无穷解，即问题是不适定的。在这两个假设下，行为投资组合问题可以完全解决。

定理 3.1（Jin and Zhou, 2008） 假设 $x_0 \geqslant 0$ 和条件 3.1 成立。

(1) 如果条件 3.2 成立，则最优投资组合为如下未定权益 (contigent claim) 的复制投资组合：

$$X^* = \frac{x_0}{\Phi(+\infty)} \left(\frac{T'_+(F(\xi_T))}{\xi_T}\right)^{1/(1-\gamma)} \tag{3.3}$$

(2) 如果条件 3.2 不成立, 那么该问题不适定。

定理 3.2（Jin and Zhou, 2008）   假设 $x_0 < 0$ 且条件 3.1 成立。

(1) 如果条件 3.2 成立, 那么最优投资组合为如下未定权益的复制投资组合:

$$X^* = \frac{x_+^*}{\Phi(c^*)} \left(\frac{T_+'(F(\xi_T))}{\xi_T} \right)^{1/(1-\gamma)} \mathbf{1}_{\xi_T \leqslant c^*} - \frac{x_+^* - x_0}{\mathbb{E}\left(\xi_T \mathbf{1}_{\xi_T \geqslant c^*} \right)} \mathbf{1}_{\xi_T \geqslant c^*} \quad (3.4)$$

其中, $x_+^* = \dfrac{-x_0}{k(c^*)^{1/(1-\gamma)} - 1}$ 并且 c^* 是如下目标函数的解:

$$\min_{c \geqslant 0} \quad v(c) = \left(k(c)^{1/(1-\gamma)} - 1 \right) \cdot \Phi(c)$$

(2) 如果条件 3.2 不成立, 则问题是不适定的。

3.2   CRRA 型投资者与 PT 型投资者

3.2.1   理论模型

本书首先考虑理性投资者与 PT 型投资者之间的互动, 即一位 CRRA 型投资者和一位 PT 型投资者的博弈模型。两位投资者在每轮投资周期中都求解以下短视问题:

$$
\begin{aligned}
\text{(Myopic)} \quad \max \quad & \mathbb{E}(u(W_T)) \\
\text{s.t.} \quad & \mathbb{E}(\xi_T W_T) = w_0 \\
& w_0 \text{ 已给出}
\end{aligned}
$$

CRRA 型投资者具有初始财富 w_0^{CRRA} 和幂函数效用, 并通过求解上述期望效用最大化问题得到其最优终端财富为 W_T^{CRRA}, 也就是

$$u(x) = \frac{(x)^\gamma}{\gamma} \Rightarrow W_T^{\text{CRRA}} = \frac{w_0^{\text{CRRA}}}{\mathbb{E}(\xi_T^{-\gamma/(1-\gamma)})} \left(\frac{1}{\xi_T} \right)^{1/(1-\gamma)}$$

值得注意的是，CRRA 投资者的最优决策不受市场中其他参与者的影响。

PT 型投资者的初始财富水平为 w_0^{PT}，而且他的最优决策会受到市场中其他参与者的影响。这种互动影响通过参考点来建模。PT 型投资者知道 CRRA 型投资者的最优终端财富，并以此作为参考点，即 $\theta_T = W_T^{\mathrm{CRRA}}$。然后代入 S 型价值函数和反 S 型概率扭曲函数，PT 型投资者求解上述期望效用最大化问题。定义 $X_T = W_T^{\mathrm{PT}} - \theta_T$ 和 $x_0 = w_0^{\mathrm{PT}} - w_0^{\mathrm{CRRA}}$，本书可以应用 Jin 和 Zhou(2008) 的方法完全求解上述 PT 型投资者的期望效用最大化问题。根据不同的初始财富水平，PT 型投资者的最优解有两种不同的情况。

(1) 如果 PT 型投资者的初始财富满足 $w_0^{\mathrm{PT}} \geqslant w_0^{\mathrm{CRRA}}$，那么最优的终端财富 W_T^{PT} 具有式 (3.5) 的形式：

$$
\begin{aligned}
W_T^{\mathrm{PT}} &= \theta_T + \frac{x_0}{\Phi(+\infty)} \left(\frac{T_+'(F(\xi_T))}{\xi_T} \right)^{1/(1-\gamma)} \\
&= W_T^{\mathrm{CRRA}} + \frac{w_0^{\mathrm{PT}} - w_0^{\mathrm{CRRA}}}{\Phi(+\infty)} \left(\frac{T_+'(F(\xi_T))}{\xi_T} \right)^{1/(1-\gamma)}
\end{aligned} \tag{3.5}
$$

(2) 如果 PT 型投资者的初始财富满足 $w_0^{\mathrm{PT}} < w_0^{\mathrm{CRRA}}$，那么最优终端财富 W_T^{PT} 具有式 (3.6) 的形式：

$$
\begin{aligned}
&W_T^{\mathrm{PT}} \\
&= \theta_T + \frac{x_+^*}{\Phi(c^*)} \left(\frac{T_+'(F(\xi_T))}{\xi_T} \right)^{\frac{1}{1-\gamma}} \mathbf{1}_{\xi_T \leqslant c^*} - \frac{x_+^* - x_0}{\mathbb{E}\left(\xi_T \mathbf{1}_{\xi_T \geqslant c^*} \right)} \mathbf{1}_{\xi_T \geqslant c^*} \\
&= W_T^{\mathrm{CRRA}} + \frac{x_+^*}{\Phi(c^*)} \left(\frac{T_+'(F(\xi_T))}{\xi_T} \right)^{\frac{1}{1-\gamma}} \mathbf{1}_{\xi_T \leqslant c^*} - \frac{x_+^* - x_0}{\mathbb{E}\left(\xi_T \mathbf{1}_{\xi_T \geqslant c^*} \right)} \mathbf{1}_{\xi_T \geqslant c^*}
\end{aligned} \tag{3.6}
$$

其中

$$x_+^* = \frac{-(w_0^{\mathrm{PT}} - w_0^{\mathrm{CRRA}})}{k(c^*)^{1/(1-\gamma)} - 1}$$

c^* 是如下目标函数的解:

$$\min_{c \geqslant 0} \quad v(c) = \left(k(c)^{1/(1-\gamma)} - 1\right) \cdot \Phi(c)$$

根据上述最优期末财富的两种不同表达形式式 (3.5) 和式 (3.6), 可以总结如下:

(1) 如果 PT 型投资者开始时的初始财富大于其参考点, 即他只寻求 "保守" 目标, 那么, 他将采取 "保守" 策略。具体地, 他将分割初始财富 w_0^{PT} 为两部分: 用第一部分 w_0^{CRRA} 来复制 CRRA 型投资者的最优终端财富 W_T^{CRRA} 和投资剩下的部分 $w_0^{\mathrm{PT}} - w_0^{\mathrm{CRRA}}$ 在市场上希望获利更多。

(2) 如果 PT 型投资者代理初始财富小于其参考点, 也就是他渴望一个 "激进" 的目标, 那么, 他会采取 "赌博" 策略。具体地, 他需要卖空 "坏状态" 的未定权益, 得到 $(x_+^* - x_0)$, 从而为 "好状态" 的投资积累资金。

3.2.2   范例 1: 一步成功?

当 PT 型投资者将 CRRA 型投资者的最优终端财富作为他的参考点时, PT 型投资者所期望的是比 CRRA 型投资者做得更好。一个很自然的问题是: PT 型投资者能否在一轮中就完成他的目标? 如果不能, 从长远来看情况如何? 本书将用下面的数字例子来回答这些问题。

假设状态价格 ξ_T 服从对数正态分布, 即 $\ln \xi_T \sim N(\mu, \sigma)$。本书用 S&P 500 股指收益率作为本书的市场设定, $\mu = 0.1$, $\sigma = 0.2$, $r = 0.03$, $T = 1$ 年, 其中 r 是无风险收益率。考虑 Jin 和 Zhou(2008) 的两个关键假设, 本书设定投资者的偏好参数和扭曲函数参数如下。

(1) 对于条件 3.1, 令

$$\alpha_+ = 1, \text{即} T_+(x) = x, \text{收益部分无概率扭曲}$$

(2) 对于条件 3.2, 令[①]

$$\alpha_- = 0.69, \gamma = 0.88, \lambda = 9 \text{ 或者} \alpha_- = 0.6, \gamma = 0.75, \lambda = 10$$

如果 PT 型投资者开始时的初始财富大于 CRRA 型投资者,他将采取式 (3.5) 的"保守"政策。经过一些简单的计算,本书得到:

$$
\begin{aligned}
W_T^{\mathrm{PT}} &= \theta_T + \frac{x_0}{\mathbb{E}(\xi_T^{-\gamma/(1-\gamma)})} \left(\frac{1}{\xi_T}\right)^{1/(1-\gamma)} \\
&= \frac{w_0^{\mathrm{PT}}}{\mathbb{E}(\xi_T^{-\gamma/(1-\gamma)})} \left(\frac{1}{\xi_T}\right)^{1/(1-\gamma)}
\end{aligned}
$$

这基本上遵循与 CRRA 型投资者相同的保守政策。此外,由于 ξ_T 取值为正,PT 型投资者在 T 时刻的财富水平总是高于 CRRA 型投资者。换句话说,如果 PT 型投资者的初始财富高于 CRRA 型投资者,那么通过模仿 CRRA 型投资者的行为,PT 型投资者总能比 CRRA 型投资者做得更好。

在上述两种情况中,后一种 PT 型投资者的初始财富水平小于 CRRA 型投资者的情况更有趣。在这种情况下,他必须根据式 (3.6) 采取一些赌博政策,持续赌博直到他的财富水平大于 CRRA 型投资者的财富水平。假设 $\xi_n, n = T, 2T, \cdots$,每个回合都是独立同分布的。本书可以将 PT 型投资者在每一轮投资周期中的每一次赌博当作一次伯努利试验,其成功概率为 p^s,

$$p^s = P(W_n^{\mathrm{PT}} \geqslant W_n^{\mathrm{CRRA}}) = P(\xi_n \leqslant c^*)$$

---

① 参数 $\alpha_- = 0.69$ 和 $\gamma = 0.88$, $\lambda = 2.25$ 是 Tversky 和 Kahneman(1992) 建议的取值,但是当 ξ_T 服从对数正态分布时,本书需要将 λ 增大到 9 或者 10 以满足条件 3.2。

因为 c^* 独立于最初的财富，所以成功概率 p^s 也与初始财富水平无关。它通常是一个很大的数字，在这个例子中是 $(1 \sim 1.6) \times 10^{-5}$。记 N 为 PT 型投资者财富超过 CRRA 型投资者财富的第一个"成功"时刻。那么随机变量 N 服从几何分布，

$$P(m\text{年后成功}) = P(N = m) = (1 - p^s)^{m-1}p^s$$

注意到，一旦 PT 型投资者达到了他的目标，即他的财富水平高于 CRRA 型投资者的财富水平，他将立即切换到保守策略式 (3.5)。图 3.1 展示了一个这样的例子：PT 型投资者的初始财富是 50 美元，比 CRRA 型投资者的初始财富 100 美元要小，但 PT 型投资者可以一步就成功。黑色的星形表示 ξ_T 的不同取值状况 (按比例放大 10 倍)。菱形表示 W_T^{CRRA} 在 ξ_T 不同情况下的不同实现值；圆圈表示 W_T^{PT} 在 ξ_T 不同场景下的不同实现值。在第一轮之后，无论市场处于哪一个情景，PT 型投资者总是比 CRRA 型投资者拥有更高的财富。

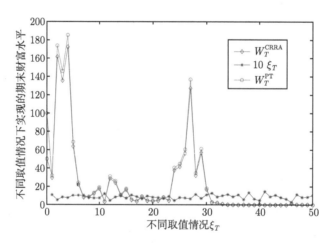

图 3.1   一步成功: CRRA 100 美元与 PT 50 美元

从上面的结果来看，似乎最优的策略总是赌博。在较高的概率下，PT 型投资者总是可以通过"赌博"比 CRRA 型投资者做得更好，无论

PT 型投资者的初始财富水平多低。为什么会有这样的结果? 第一个原因在于本书考虑的是一个完全市场的模型。市场完备性使得无论卖空的未定权益有多疯狂,每一个赌博策略都能被执行。第二个原因可能与本书的双代理模型设置有关。在本书的设置中,CRRA 型投资者处于某种被动位置。PT 型投资者知道 CRRA 型投资者的最优终端财富,并将其作为他的参考点,这样他就占据了有利地位。相比之下,CRRA 型投资者只能被动地接受自己的立场。一个更有趣的模型设定可能是 CRRA 型投资者也会考虑到市场的相互作用而修改自己的行为风格,即 CRRA 型投资者也可能转变成 PT 型投资者。在下面的分析中,本书将考虑两个代理都是 PT 型投资者的双代理模型。

3.3 PT-1 代理人与 PT-2 代理人比较

3.3.1 平均财富作为参考点

假设两个投资者均为 PT 型,均以其财富的平均值作为各自的参考点:

$$\theta_{1T} = \theta_{2T} = \theta_T = \frac{w_{10} + w_{20}}{2} \mathrm{e}^{rT}$$

其中,w_{10} 和 w_{20} 分别为 PT-1 代理人和 PT-2 代理人的初始财富。不失一般性,本书假设 $w_{10} \geqslant w_{20}$。定义 $x_{1T} = w_{1T} - \theta_T$, $x_{2T} = w_{2T} - \theta_T$, $x_{10} = \frac{w_{10} - w_{20}}{2}$ 且 $x_{20} = \frac{w_{20} - w_{10}}{2}$。在这种情况下,本书可以直接应用 Jin 和 Zhou(2008) 提出的方法来求解两个 PT 型投资者最优投资问题。PT-1 代理人和 PT-2 代理人根据初始财富水平的不同会采取以下两种不同的政策。

(1) PT-1 代理人开始时拥有较大的初始财富 (对应 $x_{10} \geqslant 0$),其采取保守策略:

$$w_{10} \Rightarrow w_{1T} = \theta_T + A_1 \cdot \xi_T^{\frac{-1}{1-\gamma}} \cdot \frac{w_{10} - w_{20}}{2}$$

(2) PT-2 代理人开始时拥有较小的初始财富 (对应 $x_{20} \leqslant 0$), 其采取激进策略:

$$w_{20} \Rightarrow w_{2T} = \theta_T + B_1 \cdot \xi_T^{\frac{-1}{1-\gamma}} \cdot \frac{w_{10} - w_{20}}{2} \mathbf{1}_{\xi_T \leqslant c^*} - B_2 \cdot \frac{w_{10} - w_{20}}{2} \mathbf{1}_{\xi_T \geqslant c^*}$$

其中, $A_1 = \dfrac{1}{\Phi(+\infty)}$, $B_1 = \dfrac{1}{v(c^*)}$, $B_2 = \left(\dfrac{1}{k(c^*)^{\frac{1}{1-\gamma}} - 1} + 1 \right) \dfrac{1}{\mathbb{E}\left(\xi_T \mathbf{1}_{\xi_T > c^*} \right)}$。

评论 3.1　有人可能会批评取 "平均财富" 作为参考点的合理性。批评的问题可以是: 在双代理模型中, 财富较少的一方以平均财富作为其参考点, 这意味着他努力变得更好, 这似乎是一个合理的行为。但是, 为什么富人想要取平均财富作为他的参考点呢? 原因可能如下: 人们很少从绝对意义上选择事物; 相反, 他们专注于一件事的相对优势, 并据此估计价值。考虑到人们在做决策时邻居的影响。一些处于社会底层的人, 可能会设定很高的财富水平作为自己的目标, 带着希望去拥有一个更好的明天。与此同时, 其他已经属于上层阶级的人将平均财富作为他们的参照点也有其理性基础。因为对相对财富的关注可以使他们更快乐。

当两个 PT 型投资者都把平均财富作为他们的目标时, 一个自然的问题是: 他们的长期财富水平是否会趋同? 在第一轮投资周期, 两个 PT 型投资者初始财富水平的差距记为 $\Delta w_0 := w_{10} - w_{20}$, 他们最终财富水平的差距记为 $\Delta w_1 := w_{1T} - w_{2T}$。在第二轮, 将第一轮的末端财富差距作为初始贫富差距 $\Delta w_1 := w_{1T} - w_{2T}$, 然后他们的最终的贫富差距就变成了 $\Delta w_2 := w_{1,2T} - w_{2,2T}$。如此类推, 可以得到两个 PT 型投资者财富差距的动态演变方程

$$\Delta w_n := \eta_n \cdot \Delta w_{n-1}$$

其中, $\Delta w_n := w_{1,nT} - w_{2,nT}$ 且 η_n 是独立同分布的随机变量:

$$\eta = \frac{A_1 - B_1}{2} \cdot \xi^{\frac{-1}{1-\gamma}} \cdot \mathbf{1}_{\xi \leqslant c^*} + \frac{1}{2} \left(A_1 \xi^{\frac{-1}{1-\gamma}} + B_2 \right) \cdot \mathbf{1}_{\xi \geqslant c^*}$$

特别地，本书有

$$\Delta w_1 = \eta_1 \cdot \Delta w_0$$

$$\Delta w_2 = \eta_2 \cdot \Delta w_1$$

$$\cdots$$

$$\Delta w_n = \eta_n \cdot \Delta w_{n-1}$$

如果随机变量 η_n 满足下列充分收敛条件，本书可以断言两个 PT 型投资者的财富水平最终会收敛。

定理 3.3（收敛的充分条件） 假定 Jin 和 Zhou(2008) 中的条件 3.1 和条件 3.2 成立。如果两个 PT 型投资者都把他们的平均财富作为他们的参考点，那么本书得到：

$$\mathbb{E}[|\eta|] < 1 \Longleftrightarrow w_{1,nT} - w_{2,nT} \xrightarrow{L_1} 0 \Longleftrightarrow w_{1,nT} - w_{2,nT} \xrightarrow{\text{a.s.}} 0$$

证明 令 $|\eta| := \beta$，进而 $\beta \geqslant 0$ 几乎处处成立。令 $\mathbb{E}[\beta] = \mathbb{E}[|\eta|]$ 是压缩映射运算的范数。然后本书得到：

$$|\Delta w_\infty| = \beta^\infty \cdot |\Delta w_0| = 0 \text{ a.s.}$$

$$\Longleftrightarrow \mathbb{E}(|\Delta w_\infty|) = \mathbb{E}(\beta^\infty) \cdot |\Delta w_0| = 0 \text{ a.s.}$$

$$\Longleftrightarrow \mathbb{E}(\beta)^\infty \cdot |\Delta w_0| = 0 \text{ a.s.}$$

$$\Longleftrightarrow \mathbb{E}(\beta) < 1$$

第一个等价是由于 β 是一个非负随机变量，第二个等价是由于随机变量 η_n 是独立同分布的。从证明中可以很容易地看到，收敛性在 L_1 意义上也是成立的。 □

3.3.2 范例 2: 收敛还是发散？

在这个范例中，仍然使用 S&P 500 股指收益率作为本书的市场收益率：

$$\mu = 0.1, \sigma = 0.2, r = 0.03, T = 1$$

为了满足这两个关键假设，本书将投资者的偏好参数设为

$$T_+(x) = x, \alpha_- = 0.6, \gamma = 0.75, \lambda = 10$$

在这些参数下，本书有

$$\Rightarrow \mathbb{E}[|\eta|] = 0.7194 < 1$$

满足定理 3.3 的充分条件。图 3.2 和图 3.3 展示了两个收敛实例。在这两幅图中，PT-1 和 PT-2 的起始财富分别是 100 元和 1 元。他们以平均财富为参考点，他们的财富水平迅速收敛到某个共同水平。但是这个趋同的共同水平却依赖于每年的实际市场实现值 ξ_i。一般来说，好的市场 (对应图 3.3 中小的 ξ_i 取值) 使得收敛到的共同财富水平更高，而差的市场 (对应图 3.2 中大的 ξ_i 实现值) 使得收敛到的共同财富水平下降。实际上，定理 3.3 真正的意思是：只要随机变量 η 满足收敛条件，不管两个投资者最初的财富差距有多大，他们的财富最终都会收敛到一起。本书似乎发现了一个"共产主义世界"。在这个"共产主义世界"，投资者的财富将会收敛到同一个水平，当他们都希望如此时 (通过设置平均财富水平作为参考点)。

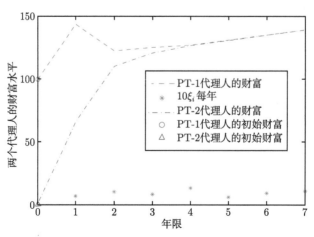

图 3.2　平均财富作为参考点：趋近于低财富水平

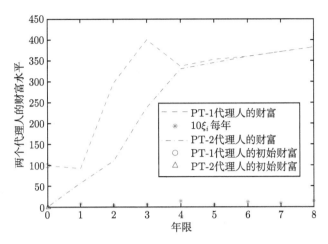

图 3.3　平均财富作为参考点：趋近于高财富水平

可以想象，这个充分收敛条件严重依赖于参与者的特征 (偏好参数)。事实上，如果本书转而考虑一些"激进"的投资者，趋同的结果将不会出现。"激进"的投资者意味着在损失部分更少的概率扭曲 (更大的 α_-)、更少的风险厌恶 (更大的 γ) 和更少的损失厌恶 (更小的 λ)。例如，如果本书设定

$$\alpha_- = 0.69, \gamma = 0.88, \lambda = 9 \Rightarrow \mathbb{E}[|\eta|] = 4.6711 > 1$$

那么，根据定理 3.3，他们的财富水平最终将不会收敛。

3.3.3　相互的参考依赖

在本小节中，双方投资者仍然同为 PT 型，但是以彼此的财富水平互为参考点，即

$$\theta_{1T} = w_{20} \cdot \mathrm{e}^{rT}, \quad \theta_{2T} = w_{10} \cdot \mathrm{e}^{rT}$$

其中，w_{10} 和 w_{20} 分别为 PT-1 代理人和 PT-2 代理人的初始财富水平。同样，本书假设 $w_{10} \geqslant w_{20}$。重新定义 $x_{1T} = w_{1T} - \theta_{1T}$，$x_{2T} = w_{2T} - \theta_{2T}$，$x_{10} = w_{10} - w_{20}$ 和 $x_{20} = w_{20} - w_{10}$。应用 Jin 和 Zhou(2008) 提出的方法，得出两个 PT 型投资者的最优投资策略如下：

(1) PT-1 代理人开始时拥有较大的初始财富 (对应 $x_{10} \geqslant 0$)，其采取保守型策略：

$$w_{10} \Rightarrow w_{1T} = \theta_{1T} + A_1 \cdot \xi_T^{\frac{-1}{1-\gamma}} \cdot (w_{10} - w_{20})$$

(2) PT-2 代理人开始时拥有较小的初始财富 (对应 $x_{20} \leqslant 0$)，其采取赌博型策略：

$$w_{20} \Rightarrow w_{2T} = \theta_{2T} + B_1 \cdot \xi_T^{\frac{-1}{1-\gamma}} \cdot (w_{10} - w_{20})\mathbf{1}_{\xi_T \leqslant c^*} - B_2 \cdot (w_{10} - w_{20})\mathbf{1}_{\xi_T \geqslant c^*}$$

其中，$A_1 = \dfrac{1}{\Phi(+\infty)}$，$B_1 = \dfrac{1}{v(c^*)}$，$B_2 = \left(\dfrac{1}{k(c^*)^{\frac{1}{1-\gamma}} - 1} + 1\right)\dfrac{1}{\mathbb{E}\left(\xi_T \mathbf{1}_{\xi_T > c^*}\right)}$。

类似的，他们财富差距的动态方程为

$$\Delta w_n := \widetilde{\eta}_n \cdot \Delta w_{n-1}$$

其中，$\widetilde{\eta} = -\mathrm{e}^{rT} + (A_1 - B_1) \cdot \xi^{\frac{-1}{1-\gamma}} \cdot \mathbf{1}_{\xi \leqslant c^*} + \left(A_1 \xi^{\frac{-1}{1-\gamma}} + B_2\right) \cdot \mathbf{1}_{\xi \geqslant c^*}$。在类似的论证下，本书得到以下收敛的充分条件。

定理 3.4（收敛的充分条件）　假定 Jin 和 Zhou(2008) 中的条件 3.1 和条件 3.2 成立。如果两个 PT 型投资者是相互参照的，即他们以彼此的财富水平为参考点，那么有

$$\mathbb{E}[|\widetilde{\eta}|] < 1 \Longleftrightarrow w_{1,nT} - w_{2,nT} \xrightarrow{L_1} 0 \Longleftrightarrow w_{1,nT} - w_{2,nT} \xrightarrow{\text{a.s.}} 0$$

证明　证明与定理 3.3 相似。　　　　　　　　　　　　　　　　　□

3.3.4　范例 3: 收敛还是发散?

本书仍然使用 S&P500 年回报率作为本书的市场回报设定：

$$\mu = 0.1, \sigma = 0.2, r = 0.03, T = 1$$

为了满足这两个假设，本书将投资者的偏好参数设为

$$T_+(x) = x, \alpha_- = 0.6, \gamma = 0.72, \lambda = 10 \Rightarrow \mathbb{E}(|\widetilde{\eta}|) = 0.8364 < 1$$

根据定理 3.4，这两个投资者的财富水平将趋同。图 3.4 给出了一个收敛的例子：PT-1 代理人以 200 美元开始，PT-2 代理人以 100 美元开始。从图 3.4 可以看到，双方都以对方的财富水平作为自己的参照点，他们的财富水平确实趋同。似乎在这里找到了另一个"共产主义世界"。但如果稍微改变一下参数：

$$\alpha_- = 0.6, \gamma = 0.71, \lambda = 10 \Rightarrow \mathbb{E}(|\tilde{\eta}|) = 5.5873 > 1$$

可以看到他们的财富水平出现了差异，如图 3.5 所示。PT-1 代理人以

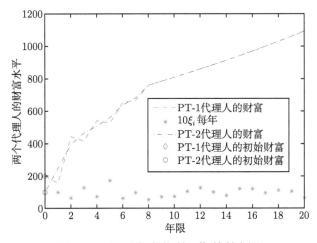

图 3.4 相互参考依赖: 收敛的例子

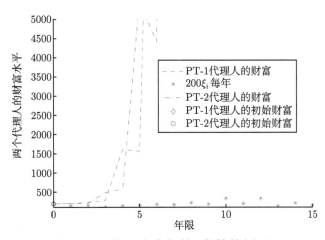

图 3.5 相互参考依赖: 发散的例子

200 美元开始，PT-2 代理人以 199 美元开始。即使最初的财富差距很小，他们的财富水平最终也并不收敛。图 3.6 进一步展示了 $\mathbb{E}(|\bar{\eta}|)$ 和 γ 之间的关系。图中其他参数设为 $\alpha_- = 0.6$ 和 $\lambda = 10$，很容易看出，对应收敛的 γ 阈值在 0.7 左右。

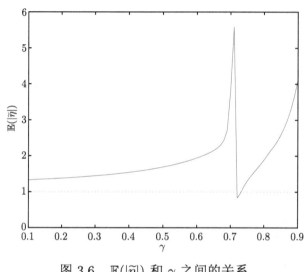

图 3.6 $\mathbb{E}(|\bar{\eta}|)$ 和 γ 之间的关系

3.4   最佳参考点选择

前面讨论了两种不同的参考点选择方案：平均财富为参点考，相互参考依赖。本书可以更进一步：当每个投资者的初始财富水平被预先给定时，他们的最佳参考点是什么？考虑两个投资者的初始财富水平为 $w_{10} > w_{20}$，他们的参考点分别是 $\theta_1 \mathrm{e}^{rT}$ 和 $\theta_2 \mathrm{e}^{rT}$。现在，每个投资者选择最优的参考点 θ_i 来最大化他的预期财富价值。一般来说，两个投资者对应有以下三种情形：

情形 1   两个 PT 型投资者的参考点都很高，即两者都有"激进的目标"，那么两个投资者都将采取"赌博"策略。

情形 2   PT-1 代理人的参考点比较"保守"，而 PT-2 代理人的参考点比较"激进"。那么 PT-1 代理人将采取"保守"策略，PT-2 代理人将采取"赌博"策略。

情形 3 两个 PT 型投资者的参考点都很低，那么两个 PT 型投资者都将采取"保守"策略。

与情形 3 相比，情形 1 和情形 2 是更为现实和有趣的案例。从现在开始，本书将集中讨论情形 1 和情形 2。

3.4.1 情形 1: 两个 PT 型投资者都有激进的目标

在情形 1 中，可行集定义为 $\{\theta_1 \geqslant w_{10}, \theta_2 \geqslant w_{20}, w_{10} > w_{20}\}$。

对于 PT-1 代理人，解决了两个优化问题，具有步骤如下。

(1) **步骤 1**: 对于给定可行初始财富 w_{10} 和参考点 θ_1，PT-1 代理人解以下投资组合选择问题:

$$(\text{P1}) \quad \max \quad \mathbb{E}(V(X_T))$$
$$\text{s.t.} \quad \mathbb{E}(\xi_T X_T) = x_0$$
$$x_0 \text{ 已给出}$$

其中，$X_T = w_{1T} - \theta_1 \mathrm{e}^{rT}$ 和 $x_0 = w_{10} - \theta_1$。PT-1 代理人采取赌博策略，他的最优终端财富是

$$w_{1T} = \theta_1 \cdot \mathrm{e}^{rT} + B_1 \cdot (\theta_1 - w_{10}) \cdot \xi_T^{\frac{-1}{1-\gamma}} \mathbf{1}_{\xi_T \leqslant c^*} - B_2 \cdot (\theta_1 - w_{10}) \mathbf{1}_{\xi_T \geqslant c^*}$$

其中，$B_1 = \dfrac{1}{v(c^*)}$，$B_2 = \left[\dfrac{1}{k(c^*)^{\frac{1}{1-\gamma}} - 1} + 1 \right] \cdot \dfrac{1}{\mathbb{E}\left(\xi_T \cdot \mathbf{1}_{\xi_T > c^*}\right)}$。

(2) **步骤 2**: 基于导出的最优终端财富，PT-1 代理人选择最优参考点 θ_1，使其终端财富不低于 PT-2 代理人的概率最大化:

$$(\text{REF1}) \quad \max \quad P_1 = P(w_{1T} \geqslant w_{2T})$$
$$\text{s.t.} \quad \theta_1 \geqslant w_{10}$$

同样，PT-2 代理人解决了两个优化问题，具有步骤如下。

(1) 步骤 1: 对于给定的初始财富 w_{20} 和参考点 θ_2, PT-2 代理人同样解了以下投资组合选择问题:

$$(\text{P2}) \quad \max \quad \mathbb{E}(V(X_T))$$
$$\text{s.t.} \quad \mathbb{E}(\xi_T X_T) = x_0$$
$$x_0 \text{ 已给出}$$

其中, $X_T = w_{2T} - \theta_2 \mathrm{e}^{rT}$, $x_0 = w_{20} - \theta_2$. PT-2 代理人也采取赌博策略, 其最优终端财富为

$$w_{2T} = \theta_2 \cdot \mathrm{e}^{rT} + B_1 \cdot (\theta_2 - w_{20}) \cdot \xi_T^{\frac{-1}{1-\gamma}} \mathbf{1}_{\xi_T \leqslant c^*} - B_2 \cdot (\theta_2 - w_{20}) \mathbf{1}_{\xi_T \geqslant c^*}$$

其中, $B_1 = \dfrac{1}{v(c^*)}$, $B_2 = \left(\dfrac{1}{k(c^*)^{\frac{1}{1-\gamma}} - 1} + 1 \right) \cdot \dfrac{1}{\mathbb{E}\left(\xi_T \cdot \mathbf{1}_{\xi_T > c^*}\right)}$[①].

(2) 步骤 2: 对于导出的最优终端财富, PT-2 代理人选择最佳参考点 θ_2 使他的终端财富不低于 PT-1 代理人的概率最大:

$$(\text{REF2}) \quad \max \quad P_2 = P(w_{2T} \geqslant w_{1T})$$
$$\text{s.t.} \quad \theta_2 \geqslant w_{20}$$

本书可以为这两个代理人解决如下这一系列问题。

定理 3.5(PT-1 代理人问题)　假定 Jin 和 Zhou(2008) 中的条件 3.1 和条件 3.2 成立。如果两个 PT 型投资者都设定了很高的目标, 即 $\{\theta_1 \geqslant w_{10}, \theta_2 \geqslant w_{20}\}$, 若 $w_{10} > w_{20}$, 则 PT-1 代理人的最佳参考点落在下述区域:

$$\theta_1^* \in \left[\theta_2 + (w_{10} - w_{20}), \ \theta_2 + \dfrac{B_2}{B_2 - \mathrm{e}^{rT}} \cdot (w_{10} - w_{20}) \right]$$

对应的最优概率为 $P_1^* = 1$。

---

① PT-2 代理人的参数 B_1, B_2 和 PT-1 代理人一样, 因为两个投资者在同一个市场, 并具有相同的偏好参数。唯一的不同之处在于他们最初的财富水平和参照点。

证明 详细证明见 3.6.1 节。 □

定理 3.6（PT-2 代理人问题） 假定 Jin 和 Zhou(2008) 中的条件 3.1 和条件 3.2 成立。如果两个 PT 型投资者都设定了很高的目标，即 $\{\theta_1 \geqslant w_{10}, \theta_2 \geqslant w_{20}\}$，若 $w_{10} > w_{20}$，则 PT-2 代理人的最佳参考点落在下述区域：

$$\theta_2^* \in \left[\theta_1 - \frac{B_1(c^*)^{-1/(1-\gamma)}}{B_1(c^*)^{-1/(1-\gamma)} + \mathrm{e}^{rT}}(w_{10} - w_{20}), \ +\infty\right)$$

对应的最优概率为 $P_2^* = \Phi(c_3^*)$。

证明 详细证明见 3.6.2 节。 □

比较上述两个定理，不难看出，由于 PT-1 代理人有较大的初始财富，他可以很高的概率 $P_1^* = 1$ 达到他的目标。与之相对，PT-2 代理人的初始财富很小，他只能低概率 $P_2^* = \Phi(c_3^*) < 1$ 达到其目标。

命题 3.1（非均衡结果） 假定 Jin 和 Zhou(2008) 中的条件 3.1 和条件 3.2 成立。如果两个 PT 型投资者都设定了很高的目标，即 $\{\theta_1 \geqslant w_{10}, \theta_2 \geqslant w_{20}\}$，若 $w_{10} > w_{20}$，那么就没有均衡解 (θ_1^*, θ_2^*)。

证明 详细证明见 3.6.5 节。 □

3.4.2 情形 2：保守目标与激进目标

在情形 2 中，可行域定义为 $\{\theta_1 \leqslant w_{10}, \theta_2 \geqslant w_{20}, w_{10} > w_{20}\}$。与情形 1 相似，本书可以分两步解决情形 2 中两个投资者的下列问题。

对于 PT-1 代理人：

(1) 步骤 1：对于给定的初始财富 w_{10} 和参考点 θ_1，PT-1 代理人解以下投资组合选择问题：

$$(\text{P1}) \quad \max \quad \mathbb{E}(V(X_T))$$
$$\text{s.t.} \quad \mathbb{E}(\xi_T X_T) = x_0$$

$$x_0 \text{ 已给出}$$

其中，$X_T = w_{1T} - \theta_1 \mathrm{e}^{rT}$，$x_0 = w_{10} - \theta_1 \geqslant 0$。PT-1 代理人的最优终端财富为

$$w_{1T} = \theta_1 \cdot \mathrm{e}^{rT} + A_1 \cdot (w_{10} - \theta_1) \cdot \xi_T^{\frac{-1}{1-\gamma}}$$

其中，$A_1 = \dfrac{1}{\varPhi(+\infty)}$。

(2) 步骤 2：基于导出的最优终端财富，PT-1 代理人选择最优参考点 θ_1，使其终端财富不低于 PT-2 代理人的概率最大化：

$$(\text{REF1}) \qquad \max \quad P_1 = P(w_{1T} \geqslant w_{2T})$$

$$\text{s.t.} \quad \theta_1 \leqslant w_{10}$$

对于 PT-2 代理人：

(1) 步骤 1：对于给定的初始财富 w_{20} 和参考点 θ_2，PT-2 代理人求解以下投资组合选择问题：

$$(\text{P2}) \qquad \max \quad \mathbb{E}(V(X_T))$$

$$\text{s.t.} \quad \mathbb{E}(\xi_T X_T) = x_0$$

$$x_0 \text{ 给定}$$

其中，$X_T = w_{2T} - \theta_2 \mathrm{e}^{rT}$，$x_0 = w_{20} - \theta_2 \leqslant 0$。PT-2 代理人的最优终端财富为

$$w_{2T} = \theta_2 \cdot \mathrm{e}^{rT} + B_1 \cdot (\theta_2 - w_{20}) \cdot \xi_T^{\frac{-1}{1-\gamma}} \mathbf{1}_{\xi_T \leqslant c^*} - B_2 \cdot (\theta_2 - w_{20}) \mathbf{1}_{\xi_T \geqslant c^*}$$

其中，$B_1 = \dfrac{1}{v(c^*)}$，$B_2 = \left(\dfrac{1}{k(c^*)^{\frac{1}{1-\gamma}} - 1} + 1 \right) \cdot \dfrac{1}{\mathbb{E}\left(\xi_T \cdot \mathbf{1}_{\xi_T > c^*} \right)}$。

(2) 步骤 2：对于给定的最优终端财富，PT-2 代理人选择最优参考点 θ_2，以最大化其终端财富不低于 PT-1 代理人的概率：

$$(\text{REF2}) \qquad \max \quad P_2 = P(w_{2T} \geqslant w_{1T})$$

$$\text{s.t.} \qquad \theta_2 \geqslant w_{20}$$

类似地, 在情形 2 下本书有下述主要结果。

定理 3.7（PT-1 代理人问题） 假定 Jin 和 Zhou(2008) 中的条件 3.1 和条件 3.2 成立。如果 PT-1 代理人设置低目标, PT-2 代理人设置高目标, 即 $\{\theta_1 \leqslant w_{10}, \theta_2 \geqslant w_{20}\}$, 当 $w_{10} > w_{20}$ 时, 有两种情况使 PT-1 代理人达到最佳参考点 θ_1^*: θ_1^* 位于图 3.7 中的阴影区域, 两种情况下的最佳概率均为 $P_1^* = 1$。

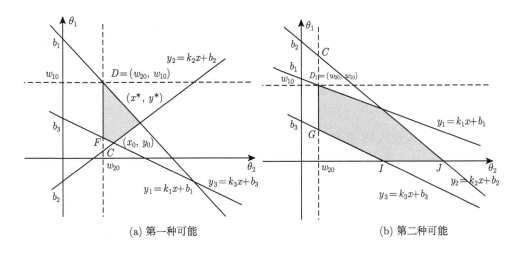

(a) 第一种可能   (b) 第二种可能

图 3.7   PT-1 代理人的最佳参考点 θ_1^*

证明 详细证明见 3.6.3 节。 □

定理 3.8（PT-2 代理人问题） 假定 Jin 和 Zhou(2008) 中的条件 3.1 和条件 3.2 成立。如果 PT-1 代理人设置低目标, PT-2 代理人设置高目标, 即 $\{\theta_1 \leqslant w_{10}, \theta_2 \geqslant w_{20}\}$, 当 $w_{10} > w_{20}$ 时, 同样有两种情况使 PT-2 代理人达到最佳参考点 θ_2^*: θ_2^* 位于图 3.8 的阴影区域, 两种情况下的最佳概率分别为 $P_2^* = \Phi(c_3^*)$ 和 $P_2^* = 1$。

证明 详细证明见 3.6.4 节。 □

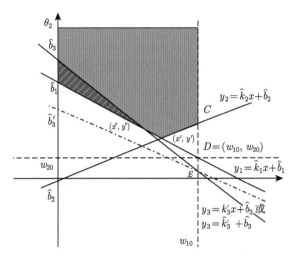

图 3.8   PT-2 代理人的最佳参考点 θ_2^*

3.5   结   论

本书总结双代理博弈模型的主要结果如下。

1. CRRA 型投资者与 PT 型投资者

(1) 如果 PT 型投资者拥有比 CRRA 型投资者更多的初始财富，PT 型投资者将采取"保守"策略并希望比 CRRA 型投资者好。

(2) 如果 PT 型投资者比 CRRA 型投资者的初始财富更少，PT 型投资者将采取"赌博"策略，并将持续赌博直到他比 CRRA 型投资者要好。

2. PT-1 代理人与 PT-2 代理人

(1) 两种参考点：平均财富作为参照点或相互参考依赖。

(2) 收敛条件取决于市场参数和投资者偏好参数的组合。

3. 最优参考点选择问题

本书已经完成了情形 1 的讨论，在这个情形中，两个代理人都有"激进"目标，并且本书得出了一个"不受欢迎的结果"，即均衡解 (θ_1^*, θ_2^*)

不存在。换句话说，对于两个 PT 型投资者来说，在最大化终端财富水平的意义上没有最好的参考点存在。

3.6　附　　录

3.6.1　定理 3.5 的证明

证明　首先，PT-1 代理人的客观概率为

$$P_1 = P(w_{1T} \geqslant w_{2T})$$

$$= P\big((\theta_1 - \theta_2) \cdot \mathrm{e}^{rT} + B_1\,((\theta_1 - \theta_2) - (w_{10} - w_{20})) \cdot \xi_T^{\frac{-1}{1-\gamma}} \cdot \mathbf{1}_{\xi_T \leqslant c^*}$$

$$\qquad - B_2\,((\theta_1 - \theta_2) - (w_{10} - w_{20})) \cdot \mathbf{1}_{\xi_T \geqslant c^*} \geqslant 0\big)$$

$$= P\Big(\big((\theta_1 - \theta_2) \cdot \mathrm{e}^{rT} + B_1\,((\theta_1 - \theta_2) - (w_{10} - w_{20})) \cdot \xi_T^{\frac{-1}{1-\gamma}}\big)\mathbf{1}_{\xi_T \leqslant c^*} \geqslant 0\Big)$$

$$\qquad + P\Big(\big((\theta_1 - \theta_2) \cdot \mathrm{e}^{rT} - B_2\,((\theta_1 - \theta_2) - (w_{10} - w_{20}))\big)\mathbf{1}_{\xi_T \geqslant c^*} \geqslant 0\Big)$$

$$:= 第一部分 + 第二部分$$

注明：

$$\kappa := \frac{\mu - r}{\sigma}, \quad a := \left(r + \frac{\kappa^2}{2}\right) \cdot T, \quad b := \kappa\sqrt{T}, \quad c_3^* := \frac{\log c^* + a}{b}$$

$$H(\theta_1) := \frac{(\theta_1 - \theta_2) \cdot \mathrm{e}^{rT}}{B_1\,((w_{10} - w_{20}) - (\theta_1 - \theta_2))}$$

对于第一部分：$\{\xi_T \leqslant c^*\} \Longleftrightarrow (\xi_T)^{\frac{-1}{1-\gamma}} \geqslant (c^*)^{\frac{-1}{1-\gamma}}$。如果 $\theta_1 \geqslant \theta_2$，$(\theta_1 - \theta_2) \geqslant (w_{10} - w_{20})$，有第一部分 $= \Phi(c_3^*)$。如果 $\theta_1 \geqslant \theta_2$，$(\theta_1 - \theta_2) \leqslant (w_{10} - w_{20})$，有第一部分 $= \Phi\big(H(\theta_1)^{\gamma-1}\big) \leqslant \Phi(c_3^*)$。如果 $\theta_1 < \theta_2$，有第一部分 $= 0$。其中，$\Phi\big(H(\theta_1)^{\gamma-1}\big)$ 是 θ_1 的递增函数，在边界处

$$\theta_1^* = \theta_2 + (w_{10} - w_{20})$$

取到它的最大值 $\Phi(c_3^*)$。

对于第二部分：$\{\xi_T > c^*\} \Longleftrightarrow (\xi_T)^{\frac{-1}{1-\gamma}} \leqslant (c^*)^{\frac{-1}{1-\gamma}}$。如果 $(\theta_1 - \theta_2) \leqslant \dfrac{B_2}{B_2 - \mathrm{e}^{rT}}(w_{10} - w_{20})$，有 第二部分 $= 1 - \Phi(c_3^*)$。如果 $(\theta_1 - \theta_2) > \dfrac{B_2}{B_2 - \mathrm{e}^{rT}}(w_{10} - w_{20})$，有 第二部分 $= 0$。

结合第一部分和第二部分的结果有

$$
P_1 = \begin{cases}
\Phi(c_3^*), & \theta_1 \in \left(\theta_2 + \dfrac{B_2}{B_2 - \mathrm{e}^{rT}}(w_{10} - w_{20}),\ +\infty\right) \\[3mm]
1, & \theta_1 \in \left[\theta_2 + (w_{10} - w_{20}),\ \theta_2 + \dfrac{B_2}{B_2 - \mathrm{e}^{rT}}(w_{10} - w_{20})\right] \\[3mm]
\Phi\left(H(\theta_1)^{\gamma - 1}\right) + 1 - \Phi(c_3^*), & \theta_1 \in \left[\theta_2,\ \theta_2 + (w_{10} - w_{20})\right] \\[3mm]
1 - \Phi(c_3^*), & \theta_1 \in \left[w_{10},\ \theta_2\right]
\end{cases}
$$

因此，最优参考点 θ_1^* 满足

$$
\theta_1^* \in \left[\theta_2 + (w_{10} - w_{20}),\ \theta_2 + \dfrac{B_2}{B_2 - \mathrm{e}^{rT}} \cdot (w_{10} - w_{20})\right]
$$

对应的最优概率为 $P_1^* = 1$。　　　　　　　　　　　　　　　　　　$\square$

3.6.2　定理 3.6 的证明

证明　类似于定理 3.5 的证明。PT-2 代理人的客观概率为

$$
P_2 = P\left(w_{2T} \geqslant w_{1T}\right) = 1 - P_1
$$

$$
= P\left((\theta_2 - \theta_1) \cdot \mathrm{e}^{rT} + B_1((\theta_2 - \theta_1) + (w_{10} - w_{20})) \cdot \xi_T^{\frac{-1}{1-\gamma}} \cdot \mathbf{1}_{\xi_T \leqslant c^*}\right.
$$

$$
\left. - B_2((\theta_2 - \theta_1) + (w_{10} - w_{20}))\mathbf{1}_{\xi_T \geqslant c^*} \geqslant 0\right)
$$

$$
= P\left(((\theta_2 - \theta_1) \cdot \mathrm{e}^{rT} + B_1((\theta_2 - \theta_1) - (w_{20} - w_{10})) \cdot \xi_T^{\frac{-1}{1-\gamma}})\mathbf{1}_{\xi_T \leqslant c^*} \geqslant 0\right)
$$

$$
+ P\left((\theta_2 - \theta_1) \cdot \mathrm{e}^{rT} - B_2((\theta_2 - \theta_1) - (w_{20} - w_{10}))\mathbf{1}_{\xi \geqslant c^*} \geqslant 0\right)
$$

$$
:= 第一部分 + 第二部分
$$

注明：

$$G(\theta_2) := \frac{(\theta_1 - \theta_2) \cdot \mathrm{e}^{rT}}{B_1\left[(w_{10} - w_{20}) - (\theta_1 - \theta_2)\right]} = H(\theta_1)$$

第一部分

$$= \begin{cases} \Phi(c_3^*), & \theta_2 \in \left[\theta_1 - \dfrac{B_1(c^*)^{-1/(1-\gamma)}}{B_1(c^*)^{-1/(1-\gamma)} + \mathrm{e}^{rT}}(w_{10} - w_{20}), \ +\infty\right) \\ \Phi\left(G(\theta_2)^{\gamma-1}\right), & \theta_2 \in \Bigg(\theta_1 - (w_{10} - w_{20}), \\ & \qquad\qquad \theta_1 - \dfrac{B_1(c^*)^{-1/(1-\gamma)}}{B_1(c^*)^{-1/(1-\gamma)} + \mathrm{e}^{rT}}(w_{10} - w_{20})\Bigg] \\ 0, & \theta_2 \in \left(-\infty, \ \theta_1 - (w_{10} - w_{20})\right] \end{cases}$$

其中，$\Phi\left(G(\theta_2)^{\gamma-1}\right)$ 为 θ_2 的递增函数，在边界

$$\theta_2^* = \theta_1 - \frac{B_1(c^*)^{-1/(1-\gamma)}}{B_1(c^*)^{-1/(1-\gamma)} + \mathrm{e}^{rT}}(w_{10} - w_{20})$$

处取到最大值 $\Phi(c_3^*)$。

$$\text{第二部分} = \begin{cases} 1 - \Phi(c_3^*), & \theta_2 \in \left(-\infty, \ \theta_1 - \dfrac{B_2}{B_2 - \mathrm{e}^{rT}}(w_{10} - w_{20})\right] \\ 0, & \theta_2 \in \left(\theta_1 - \dfrac{B_2}{B_2 - \mathrm{e}^{rT}}(w_{10} - w_{20}), \ +\infty\right) \end{cases}$$

结合第一部分和第二部分的结果有

$$P_2$$

$$= \begin{cases} \Phi(c_3^*), & \theta_2 \in \left[\theta_1 - \dfrac{B_1(c^*)^{-1/(1-\gamma)}}{B_1(c^*)^{-1/(1-\gamma)} + \mathrm{e}^{rT}}(w_{10} - w_{20}), \ +\infty\right) \\ \Phi\left(G(\theta_2)^{\gamma-1}\right), & \theta_2 \in \Bigg(\theta_1 - (w_{10} - w_{20}), \\ & \qquad\qquad \theta_1 - \dfrac{B_1(c^*)^{-1/(1-\gamma)}}{B_1(c^*)^{-1/(1-\gamma)} + \mathrm{e}^{rT}}(w_{10} - w_{20})\Bigg] \\ 0, & \theta_2 \in \left(\theta_1 - \dfrac{B_2}{B_2 - \mathrm{e}^{rT}}(w_{10} - w_{20}), \ \theta_1 - (w_{10} - w_{20})\right] \\ 1 - \Phi(c_3^*), & \theta_2 \in \left[w_{20}, \ \theta_1 - \dfrac{B_2}{B_2 - \mathrm{e}^{rT}}(w_{10} - w_{20})\right] \end{cases}$$

因此, 最佳参考点 θ_2^* 满足

$$\theta_2^* \in \left[\theta_1 - \frac{B_1(c^*)^{-1/(1-\gamma)}}{B_1(c^*)^{-1/(1-\gamma)} + \mathrm{e}^{rT}}(w_{10} - w_{20}), \ +\infty \right)$$

对应的最优概率为 $P_2^* = \varPhi(c_3^*)$。　　　　　　　　　　　　　　　□

3.6.3 定理 3.7 的证明

证明　PT-1 代理人的客观概率为

$$P_1 = P\big(w_{1T} \geqslant w_{2T}\big)$$

$$= P\left(\left((\theta_1 - \theta_2) \cdot \mathrm{e}^{rT} + (A_1(w_{10} - \theta_1) - B_1(\theta_2 - w_{20})) \cdot \xi_T^{\frac{-1}{1-\gamma}} \right) \mathbf{1}_{\xi_T \leqslant c^*} \geqslant 0 \right)$$

$$+ P\left(\left((\theta_1 - \theta_2) \cdot \mathrm{e}^{rT} + A_1(w_{10} - \theta_1)\xi_T^{\frac{-1}{1-\gamma}} + B_2(\theta_2 - w_{20}) \right) \mathbf{1}_{\xi_T \geqslant c^*} \geqslant 0 \right)$$

$$:= \text{第一部分} + \text{第二部分}$$

注明:

$$\kappa := \frac{\mu - r}{\sigma}, \quad a := \left(r + \frac{\kappa^2}{2} \right) \cdot T, \quad b := \kappa\sqrt{T}, \quad c_3^* := \frac{\log c^* + a}{b}$$

$$\widetilde{H}(\theta_1) = \frac{(\theta_2 - \theta_1) \cdot \mathrm{e}^{rT}}{A_1(w_{10} - \theta_1) - B_1(\theta_2 - w_{20})}$$

对于第一部分: $\{\xi_T \leqslant c^*\} \Longleftrightarrow (\xi_T)^{\frac{-1}{1-\gamma}} \geqslant (c^*)^{\frac{-1}{1-\gamma}}$。
注明:

$$k_1 = -\frac{B_1}{A_1}, \quad b_1 = w_{10} + \frac{B_1}{A_1}w_{20}$$

$$k_2 = \frac{\mathrm{e}^{rT} + B_1(c^*)^{\frac{-1}{1-\gamma}}}{\mathrm{e}^{rT} - A_1(c^*)^{\frac{-1}{1-\gamma}}}, \quad b_2 = \frac{(c^*)^{\frac{-1}{1-\gamma}}[A_1 w_{10} + B_1 w_{20}]}{\mathrm{e}^{rT} - A_1(c^*)^{\frac{-1}{1-\gamma}}}$$

如果 $\theta_1 < k_1\theta_2 + b_1$, $\mathrm{e}^{rT} \geqslant A_1(c^*)^{\frac{-1}{1-\gamma}}$, $\theta_1 \geqslant k_2\theta_2 + b_2$, 有第一部分 $= \varPhi(c_3^*)$。如果 $\theta_1 > k_1\theta_2 + b_1$, $\mathrm{e}^{rT} < A_1(c^*)^{\frac{-1}{1-\gamma}}$, $\theta_1 \leqslant k_2\theta_2 + b_2$, 有第

一部分 $= \Phi(c_3^*)$。如果 $\theta_1 < k_1\theta_2 + b_1$，有第一部分 $= \Phi\left(\widetilde{H}(\theta_1)^{\gamma-1}\right) \leqslant$ $\Phi(c_3^*)$。如果 $\theta_1 = k_1\theta_2 + b_1$，$\theta_1 \geqslant \theta_2$，有第一部分 $= \Phi(c_3^*)$。如果 $\theta_1 = k_1\theta_2 + b_1$，$\theta_1 < \theta_2$，有第一部分 $= 0$。其中，$\Phi\left(\widetilde{H}(\theta_1)^{\gamma-1}\right)$ 是 θ_1 的递增函数，在边界

$$\theta_1^* = k_1\theta_2 + b_1$$

处，取到最大值 $\Phi(c_3^*)$。

对于第二部分：$\{\xi_T > c^*\} \Longleftrightarrow (\xi_T)^{\frac{-1}{1-\gamma}} \leqslant (c^*)^{\frac{-1}{1-\gamma}}$。
注明：

$$k_3 = \frac{\mathrm{e}^{rT} - B_2}{\mathrm{e}^{rT}}\ b_3 + \frac{B_2}{\mathrm{e}^{rT}}w_{20}$$

如果 $\theta_1 \geqslant k_3\theta_2 + b_3$，有 第二部分 $= 1 - \Phi(c_3^*)$。如果 $\theta_1 < k_3\theta_2 + b_3$，有第二部分 $= 0$。

结合第一部分和第二部分的结果有

$$P_1 = \begin{cases} 1, & \theta_1 = k_1\theta_2 + b_1,\ \theta_1 \geqslant \theta_2,\ \theta_1 \geqslant k_3\theta_2 + b_3 \\ 1, & \theta_1 < k_1\theta_2 + b_1,\ \mathrm{e}^{rT} \geqslant A_1(c^*)^{\frac{-1}{1-\gamma}},\ \theta_1 \geqslant k_2\theta_2 + b_2, \\ & \qquad\qquad\qquad\qquad\qquad\qquad\qquad \theta_1 \geqslant k_3\theta_2 + b_3 \\ 1, & \theta_1 < k_1\theta_2 + b_1,\ \mathrm{e}^{rT} \leqslant A_1(c^*)^{\frac{-1}{1-\gamma}},\ \theta_1 < k_2\theta_2 + b_2 \\ & \qquad\qquad\qquad\qquad\qquad\qquad\qquad \theta_1 < k_3\theta_2 + b_3 \\ < 1, & \text{其他情况} \end{cases}$$

综上所述，有两种情况，分别对应图 3.7(a) 和图 3.7(b)。

第一种可能 [图 3.7(a)]：当 $\mathrm{e}^{rT} \geqslant A_1(c^*)^{\frac{-1}{1-\gamma}}$ 时，$y = k_1x + b_1$，$k_1 < 0, b_1 > w_{10}$，与边界 $\{x = w_{20}\}$ 在点 $D = (w_{20}, w_{10})$ 处相交；$y = k_2x + b_2$，$k_2 > 1, b_2 < 0$，与边界 $\{x = w_{20}\}$ 在点 $C = (w_{20}, C_y)$ 处相交；$y = k_3x + b_3$，$k_3 < 0, b_3 > w_{20}$，与边界 $\{x = w_{20}\}$ 在点 $F = (w_{20}, F_y)$ 处相交，其中 $C_y < w_{10}$，$F_y < w_{10}$；$y = k_1x + b_1$ 与 $y = k_2x + b_2$ 在点 (x^*, y^*) 处相交；且 $y = k_3x + b_3$ 与 $y = k_2x + b_2$ 在点 (x_0, y_0) 处相交，

其中

$$x^* = \frac{b_1 - b_2}{k_2 - k_1} = \frac{A_1 w_{10} + B_1 w_{20}}{A_1 + B_1}$$

$$x_0 = \frac{b_3 - b_2}{k_2 - k_3} = \frac{\mathrm{e}^{rT}(c^*)^{\frac{-1}{1-\gamma}}(A_1 w_{10} + B_1 w_{20}) + B_2(\mathrm{e}^{rT} - A_1(c^*)^{\frac{-1}{1-\gamma}})w_{20}}{\mathrm{e}^{rT}(c^*)^{\frac{-1}{1-\gamma}}(A_1 + B_1) + B_2(\mathrm{e}^{rT} - A_1(c^*)^{\frac{-1}{1-\gamma}})}$$

因此最优参考点 θ_1^* 落在图 3.7(a) 的阴影部分，其中边界点为 $\{D, F, (x_0, y_0), (x^*, y^*)\}$，对应的最优概率为 $P_1^* = 1$。

第二种可能 [图 3.7(b)]：当 $\mathrm{e}^{rT} \leqslant A_1(c^*)^{\frac{-1}{1-\gamma}}$ 时，$y = k_1 x + b_1$: $k_1 < 0, b_1 > w_{10}$，与边界 $\{x = w_{20}\}$ 在点 $D = (w_{20}, w_{10})$ 处相交；$y = k_2 x + b_2$:$k_2 < 0, b_2 > 0$，与边界 $\{x = w_{20}\}$ 在点 $C = (w_{20}, C_y)$ 处相交；$y = k_3 x + b_3$: $k_3 < 0, b_3 > w_{20}$，与边界 $\{x = w_{20}\}$ 在点 $G = (w_{20}, G_y)$ 处相交，其中，$C_y > w_{10}$, $G_y < w_{10}$; $y = k_1 x + b_1$ 与 $y = k_2 x + b_2$ 在点 (x^*, y^*) 处相交；$y = k_2 x + b_2$ 与 $y = 0$ 在点 $J = (J_x, 0)$ 处相交；且 $y = k_3 x + b_3$ 与 $y = 0$ 在点 $I = (I_x, 0)$ 处相交，其中

$$I_x = \frac{B_2 w_{20}}{B_2 - \mathrm{e}^{rT}}, \quad J_x = \frac{A_1(c^*)^{\frac{-1}{1-\gamma}}w_{10} + B_1(c^*)^{\frac{-1}{1-\gamma}}w_{20}}{\mathrm{e}^{rT} + B_1(c^*)^{\frac{-1}{1-\gamma}}}$$

$$x^* = \frac{b_1 - b_2}{k_2 - k_1} = \frac{A_1 w_{10} + B_1 w_{20}}{A_1 + B_1}$$

因此最优参考点 θ_1^* 落在图 3.7(b) 的阴影区域，其中边界点为 $\{D, G, I, J, (x^*, y^*)\}$，对应的最优概率为 $P_1^* = 1$。　　□

3.6.4　定理 3.8 的证明

证明　PT-2 代理人的客观概率为

$$P_2 = P(w_{2T} \geqslant w_{1T})$$

$$= P\left(\left((\theta_2 - \theta_1) \cdot \mathrm{e}^{rT} + (B_1(\theta_2 - w_{20}) - A_1(w_{10} - \theta_1)) \cdot \xi_T^{\frac{-1}{1-\gamma}}\right) \mathbf{1}_{\xi_T \leqslant c^*} \geqslant 0\right)$$

$$+P\left(\left((\theta_2-\theta_1)\cdot \mathrm{e}^{rT}-\left(B_2(\theta_2-w_{20})+A_1(w_{10}-\theta_1)\cdot \xi_T^{\frac{-1}{1-\gamma}}\right)\right)\mathbf{1}_{\xi_T\geqslant c^*}\geqslant 0\right)$$

$:=$ 第一部分 $+$ 第二部分

注明:

$$\widetilde{G}(\theta_2)=\frac{(\theta_1-\theta_2)\cdot \mathrm{e}^{rT}}{B_1(\theta_2-w_{20})-A_1(w_{10}-\theta_1)}$$

对于第一部分: $\{\xi_T\leqslant c^*\}\Longleftrightarrow (\xi_T)^{\frac{-1}{1-\gamma}}\geqslant (c^*)^{\frac{-1}{1-\gamma}}$。

注明:

$$\hat{k}_1=-\frac{A_1}{B_1}\ ,\ \hat{b}_1=w_{20}+\frac{A_1}{B_1}w_{10}$$

$$\hat{k}_2=\frac{\mathrm{e}^{rT}-A_1(c^*)^{\frac{-1}{1-\gamma}}}{\mathrm{e}^{rT}+B_1(c^*)^{\frac{-1}{1-\gamma}}}\ ,\ \hat{b}_2=\frac{(c^*)^{\frac{-1}{1-\gamma}}(A_1w_{10}+B_1w_{20})}{\mathrm{e}^{rT}+B_1(c^*)^{\frac{-1}{1-\gamma}}}$$

如果 $\theta_2>\hat{k}_1\theta_1+\hat{b}_1$,　$\theta_2\geqslant \hat{k}_2\theta_1+\hat{b}_2$, 有 第一部分 $=\Phi(c_3^*)$。如果 $\theta_2>\hat{k}_1\theta_1+\hat{b}_1$,　$\theta_2<\hat{k}_2\theta_1+\hat{b}_2$, 有 第一部分 $=\Phi\left(\widetilde{G}(\theta_2)^{\gamma-1}\right)<\Phi(c_3^*)$。如 果 $\theta_2<\hat{k}_1\theta_1+\hat{b}_1$, 有 第一部分 $=\Phi(c_3^*)-\Phi\left(\widetilde{G}(\theta_2)^{\gamma-1}\right)\leqslant \Phi(c_3^*)-\dfrac{1}{2}$。如果 $\theta_2=\hat{k}_1\theta_1+\hat{b}_1$,　$\theta_2\geqslant \theta_1$, 有 第一部分 $=\Phi(c_3^*)$。如果 $\theta_2=\hat{k}_1\theta_1+\hat{b}_1$,　$\theta_2< \theta_1$, 有 第一部分 $=0$。

对于第二部分: $\{\xi_T>c^*\}\Longleftrightarrow (\xi_T)^{\frac{-1}{1-\gamma}}\leqslant (c^*)^{\frac{-1}{1-\gamma}}$。

注明:

$$\widehat{G}(\theta_2)=\frac{(\theta_2-\theta_1)\cdot \mathrm{e}^{rT}-B_2(\theta_2-w_{20})}{A_1(w_{10}-\theta_1)}$$

$$\hat{k}_3=\frac{A_1(c^*)^{\frac{-1}{1-\gamma}}-\mathrm{e}^{rT}}{B_2-\mathrm{e}^{rT}}\ ,\ \hat{b}_3=\frac{B_2w_{20}-A_1(c^*)^{\frac{-1}{1-\gamma}}w_{10}}{B_2-\mathrm{e}^{rT}}$$

$$\hat{k}_4=-\frac{\mathrm{e}^{rT}}{B_2-\mathrm{e}^{rT}}\ ,\ \hat{b}_4=\frac{B_2}{B_2-\mathrm{e}^{rT}}w_{20}$$

如果 $\theta_2\leqslant \hat{k}_3\theta_1+\hat{b}_3$, 有 第一部分 $=1-\Phi(c_3^*)$。如果 $\hat{k}_3\theta_1+\hat{b}_3\leqslant \theta_2\leqslant$

$\hat{k}_4\theta_1 + \hat{b}_4$，有 第一部分 $= 1 - \Phi\left(\widehat{G}(\theta_2)^{\gamma-1}\right) \leqslant 1 - \Phi(c_3^*)$。如果 $\theta_2 > \hat{k}_4\theta_1 + \hat{b}_4$，有 第一部分 $= 0$。

结合第一部分和第二部分，也会出现以下两种情况。

第一种可能 [图 3.7(a)]: 当 $\mathrm{e}^{rT} \geqslant A_1(c^*)^{\frac{-1}{1-\gamma}}$ 时，$y = \hat{k}_1 x + \hat{b}_1$: $\hat{k}_1 < 0, \hat{b}_1 > w_{20}$，与边界 $\{x = w_{10}\}$ 在点 $D = (w_{10}, w_{20})$ 处相交；$y = \hat{k}_2 x + \hat{b}_2$: $0 > \hat{k}_2 > \hat{k}_1, \hat{b}_2 < \hat{b}_1$，与边界 $\{x = w_{10}\}$ 在点 $C = (w_{10}, C_y)$；$y = \hat{k}_3 x + \hat{b}_3$: $\hat{k}_3 > 0, \hat{b}_3 < w_{20}$ 处相交，与边界 $\{x = w_{10}\}$ 在点 $E = (w_{10}, E_y)$ 处相交，其中 $C_y > w_{20}, E_y < w_{20}$；且 $y = \hat{k}_1 x + \hat{b}_1$ 与 $y = \hat{k}_2 x + \hat{b}_2$ 在点 (x^*, y^*) 处相交，其中

$$x^* = \frac{\hat{b}_1 - \hat{b}_2}{\hat{k}_2 - \hat{k}_1} = \frac{(A_1 w_{10} + B_1 w_{20})\left(\mathrm{e}^{rT} + B_1(c^*)^{\frac{1}{\gamma-1}} - (c^*)^{\frac{1}{\gamma-1}}\right)}{(A_1 + B_1)\mathrm{e}^{rT}}$$

因此最优参考点 θ_2^* 落在图 3.7(a) 的阴影区域，其边界为 $\{\hat{b}_1, (x^*, y^*), C\}$，对应的最优概率为 $P_2^* = \Phi(c_3^*)$。

第二种可能 [图 3.7(b)]: 当 $\mathrm{e}^{rT} \leqslant A_1(c^*)^{\frac{-1}{1-\gamma}}$: 时，$y = \hat{k}_1 x + \hat{b}_1$: $\hat{k}_1 < 0, \hat{b}_1 > w_{20}$，与边界 $\{x = w_{10}\}$ 在点 $D = (w_{10}, w_{20})$ 处相交；$y = \hat{k}_2 x + \hat{b}_2$: $\hat{k}_2 > 0, \hat{b}_2 < \hat{b}_1$，与边界 $\{x = w_{10}\}$ 在点 $C = (w_{10}, C_y)$ 处相交；且 $y = \hat{k}_3 x + \hat{b}_3$: $\hat{k}_3 < 0, \hat{b}_3 > w_{20}$，与边界 $\{x = w_{10}\}$ 在点 $E = (w_{10}, E_y)$ 处相交，其中 $C_y > w_{20}, E_y < w_{20}$。

有

$$w_{10} < \frac{B_1 \mathrm{e}^{rT} w_{20}}{A_1(B_2 - \mathrm{e}^{rT}) + B_1 A_1(c^*)^{\frac{1}{\gamma-1}}} \Leftrightarrow \hat{b}_3 > \hat{b}_1$$

$$B_1\left(\mathrm{e}^{rT} - A_1(c^*)^{\frac{1}{\gamma-1}}\right) > A_1(B_2 - \mathrm{e}^{rT}) \Leftrightarrow \hat{k}_3 > \hat{k}_1$$

因此，当

$$w_{10} < \frac{B_1 \mathrm{e}^{rT} w_{20}}{A_1(B_2 - \mathrm{e}^{rT}) + B_1 A_1(c^*)^{\frac{1}{\gamma-1}}}$$

$$B_1 \left(\mathrm{e}^{rT} - A_1(c^*)^{\frac{1}{\gamma-1}} \right) > A_1(B_2 - \mathrm{e}^{rT})$$

时，$y = \hat{k}_3 x + \hat{b}_3$ 与 $y = \hat{k}_1 x + \hat{b}_1$ 在点 (x^*, y^*) 处相交，其中

$$x^* = \frac{\hat{b}_3 - \hat{b}_1}{\hat{k}_1 - \hat{k}_3} = \frac{B_1 \mathrm{e}^{rT} w_{20} - \left(A_1(B_2 - \mathrm{e}^{rT}) + A_1 B_1 (c^*)^{\frac{1}{\gamma-1}} \right) w_{10}}{B_1 \left(\mathrm{e}^{rT} - A_1(c^*)^{\frac{1}{\gamma-1}} \right) - A_1(B_2 - \mathrm{e}^{rT})}$$

最优参考点 θ_2^* 落在图 3.7(b) 的阴影区域，其边界点为 $\{ \hat{b}_1, (x^*, y^*), \hat{b}_3 \}$，对应的最优概率为 $P_2^* = 1$。当

$$w_{10} \geqslant \frac{B_1 \mathrm{e}^{rT} w_{20}}{A_1(B_2 - \mathrm{e}^{rT}) + B_1 A_1 (c^*)^{\frac{1}{\gamma-1}}}$$

时，如图 3.7(b) 的虚线所示，$y = \hat{k}_3 x + \hat{b}_3$ 在可行域 $\{ \theta_2 \geqslant w_{20}, \theta_1 \leqslant w_{10} \}$ 内总是在 $y = \hat{k}_1 x + \hat{b}_1$ 下方。在这种情况下，最佳参考点 θ_2^* 位于图 3.7(b) 的开三角形区域，其边界点为 $\{ \hat{b}_1(x', y'), C \}$，对应的最优概率为 $P_2^* = \Phi(c_3^*) < 1$，其中，(x', y') 是 $y = \hat{k}_2 x + \hat{b}_2$ 和 $y = \hat{k}_1 x + \hat{b}_1$ 的交点。 □

3.6.5　命题 3.1 的证明

证明　本书用反证法来证明。假设存在平衡解对 (θ_1^*, θ_2^*)

$$\theta_1^* = \theta_2 + k_1(w_{10} - w_{20})$$
$$\in \left[\theta_2 + (w_{10} - w_{20}),\ \theta_2 + \frac{B_2}{B_2 - \mathrm{e}^{rT}} \cdot (w_{10} - w_{20}) \right]$$

$$\theta_2^* = \theta_1 - k_2(w_{10} - w_{20})$$
$$\in \left[\theta_1 - \frac{B_1(c^*)^{-1/(1-\gamma)}}{B_1(c^*)^{-1/(1-\gamma)} + \mathrm{e}^{rT}} \cdot (w_{10} - w_{20}),\ +\infty \right)$$

其中

$$1 \leqslant k_1 \leqslant \frac{B_2}{B_2 - \mathrm{e}^{rT}}, \quad -\infty \leqslant k_2 \leqslant \frac{B_1(c^*)^{-1/(1-\gamma)}}{B_1(c^*)^{-1/(1-\gamma)} + \mathrm{e}^{rT}} < 1$$

给定 θ_2^*，由定理 3.5 可知，PT-1 代理人的最优参考点 θ_1^* 应当具有 $\theta_1^* = \theta_2^* + k_1 \cdot (w_{10} - w_{20})$ 形式。给定 θ_1^*，由定理 3.6 可知，PT-2 代理人的最优参考点 $\widetilde{\theta}_2$ 应当具有 $\widetilde{\theta}_2 = \theta_1^* - k_2 \cdot (w_{10} - w_{20})$ 形式。为了达到均衡，必须有

$$\theta_2^* = \widetilde{\theta}_2$$

$$\Longleftrightarrow \theta_2^* = \theta_1^* - k_2 \cdot (w_{10} - w_{20})$$

$$\Longleftrightarrow \theta_2^* = \theta_2^* + k_1 \cdot (w_{10} - w_{20}) - k_2 \cdot (w_{10} - w_{20})$$

$$\Longleftrightarrow k_1 = k_2$$

因为 $k_1 \geqslant 1$ 且 $k_2 < 1$，所以它们不能相等。　　　　　　　　□

第 4 章 结   论

本书旨在将前景理论蕴含的著名的心理学见解转化为投资细节，以改进投资表现。第 1 章建立了一个一般的多期行为投资组合模型，该模型在标准投资组合模型中引入了一个 S 型价值函数。在讨论了模型的适定性问题后，对该多期模型进行了完全求解，并证明了最优投资策略为分段线性反馈形式。用控制的语言来说，首先重新定义了一个新的状态变量 (当前财富水平与参考点之间的偏差)，而不是采用原来的状态变量 (当前财富)。因此，新的状态变量有两种不同的状态：一种是当前财富水平超过参考点时的正状态；另一种是当前财富水平低于参考点时的负状态。在状态域分离的基础上，最优控制 (最优投资策略) 相应地采用两种不同的线性反馈形式之一。换句话说，PT 型投资者在一个获利的位置 (正的状态) 和在亏损的位置 (负的状态) 会持有不同的反馈策略。

第 2 章研究了损失厌恶和参考点动态调整在资产配置中的综合效应。首先通过将参考点与人们感知先前得失的方式联系起来，来制定参考点的动态更新模型。然后，为所提出的带参考点动态更新的投资组合选择模型推导了一个半解析解。基于模型预测的最优 U 型股票持有特性，本书发现非对称参考点更新导致非对称交易行为，即处置效应。在文献中，处置效应被认为是一种代价高昂且稳健的决策行为偏差。首先，税收为卖出亏损股票和持有盈利股票提供了强大的激励。反对卖出赢家股票的另一个理由是，有充分证据证明的市场存在反常现象–最近价值上涨的股票可能会持续上涨至少一段时间。换句话说，获利了结来关闭一个上涨股票相关的心理账户是一种能带来愉悦感的行为，但这种愉悦感是需要付出代价的。本书的研究表明，处置效应的根源在于人类对损失和盈利的不对称适应。在识别出潜在的驱动力之后，本书或许有机会降低与投资者不当行为相关的成本。

第 1 章和第 2 章只考虑前景理论的三个元素：参考点、损失厌恶和 S 型价值函数，忽略了概率扭曲特征。Jin 和 Zhou(2008) 以及 Shi 等 (2022) 已经证明了概率扭曲在连续时间框架下对投资组合选择中的影响和在单期框架下对资产定价的影响。De Giorgi 和 Legg(2012) 研究表明，概率扭曲也有助于前景理论解释高股权溢价。作者认为概率扭曲在多期情况下对资产配置有一定的影响，并希望在未来能够解决其中的一些问题。

第 3 章研究了社会互动和社会学习对投资者行为的影响。本书从一个简单的双代理模型出发，发现当 PT 型投资者以 CRRA 型投资者的最优终端财富为参考点时，PT 型投资者总是能比普通 CRRA 型投资者做得更好。比较 PT 型投资者和 CRRA 型投资者的初始财富，PT 型投资者要么模仿 CRRA 型投资者的策略，要么采取激进的赌博策略。本书还讨论了两个代理人都是 PT 型投资者的情况，并给出了他们财富收敛的充分条件。

到目前为止，本书已经完成了社会互动方向的初步研究。然而，双代理模型的第一次试验并没有取得很好的效果，需要一些更合适的模型来拓宽本书的思路。未来，本书可以借鉴社会网络和多智能决策系统领域的一些已有成果，为社会互动效应寻找一个合适的模型。总之，本书想从资源丰富的社会网络和多智能决策系统的文献中探索想法，以捕捉参考点形成和更新的更现实的本质。

本书研究的行为投资组合模型都是建立在 PT 模型的基础上的。因此，这些模型只关注得失效用，而忽略了传统的消费效用。这种建模选择并不意味着用人们仅从收益和损失中获得效用的模型来取代传统的投资组合选择模型，只是希望初步研究的模型更容易处理。毕竟，在现实中个人确实会关心自己的消费水平。因此，忽略实际消费水平的偏好模型是不可持续的。因此，能结合这两种模型的长处的更加实用的模型是未来可以深入的研究方向。

参 考 文 献

Aït-Sahalia Y, Brandt M W, 2001. Variable selection for portfolio choice. The Journal of Finance, 56(4):1297–1351.

Arkes H R, Hirshleifer D, Jiang D, et al., 2008. Reference point adaptation: Tests in the domain of security trading. Organizational Behavior and Human Decision Processes, 105(1):67–81.

Arkes H R, Hirshleifer D, Jiang D, et al., 2010. A cross-cultural study of reference point adaptation: Evidence from china, korea, and the us. Organizational Behavior and Human Decision Processes, 112(2):99–111.

Barberis N, Huang M, 2009. Preferences with frames: A new utility specification that allows for the framing of risks. Journal of Economic Dynamics and Control, 33(8):1555–1576.

Barberis N, Xiong W, 2009. What drives the disposition effect? An analysis of a long-standing preference-based explanation. Journal of Finance, 64(2):751 – 784.

Baucells M, Weber M, Welfens F, 2011. Reference-point formation and updating. Management Science, 57(3):506–519.

Becker G M, DeGroot M H, Marschak J, 1964. Measuring utility by a single-response sequential method. Behavioral Science, 9(3):226–232.

Benartzi S, Thaler R H, 1995. Myopic loss aversion and the equity premium puzzle. Quarterly Journal of Economics, 110(1):73–92.

Berkelaar A B, Kouwenberg R, Post T, 2004. Optimal portfolio choice under loss aversion. Review of Economics and Statistics, 86(4):973–987.

Bernard C, Ghossoub M, 2010. Static portfolio choice under cumulative prospect theory. Mathematics and Financial Economics, 2(4):277–306.

Bertsekas D P, 1987. Dynamic Programming: Deterministic and Stochastic Models. Englewood: Prentice-Hall.

Bingham N H, Kiesel R, 2002. Semi-parametric modelling in finance: theoretical foundations. Quantitative Finance, 2(4):241–250.

Blattberg R C, Gonedes N J, 1974. A comparison of the stable and student distributions as statistical models for stock prices. The Journal of Business, 47(2):244–280.

Chiyachantana C N, Yang Z, 2020. Reference point adaptation and disposition effect: Evidence from institutional trading. Technical Report.

Cox J C, Huang C, 1989. Optimal consumption and portfolio policies when asset prices follow a diffusion process. Journal of Economic Theory, 49(1):33–83.

De Giorgi E G, Hens T, Levy H, 2004. Existence of capm equilibria with prospect theory preferences. NCCR-Finrisk Working Paper, (85).

De Giorgi E G, Legg S, 2012. Dynamic portfolio choice and asset pricing with narrow framing and probability weighting. Journal of Economic Dynamics and Control, 36(7):951–972.

De Giorgi E G, Post T, 2011. Loss aversion with a state-dependent reference point. Management Science, 57(6):1094–1110.

Elton E, Gruber M, Brown S, et al., 2009. Modern portfolio theory and investment analysis. New York: John Wiley & Sons.

Fang K, Kotz S, Ng K W, 1990. Symmetric multivariate and related distributions, volume 36. Boca Raton: Chapman & Hall/CRC.

Fischbacher U, 2007. z-tree: Zurich toolbox for ready-made economic experiments. Experimental Economics, 10(2):171–178.

He X D, Zhou X Y, 2011. Portfolio choice under cumulative prospect theory: An analytical treatment. Management Science, 57(2):315–331.

Hens T, Vlcek M, 2011. Does prospect theory explain the disposition effect? Journal of Behavioral Finance, 12(3):141–157.

Higgins E T, 1987. Self-discrepancy: A theory relating self and affect. Psychological Review, 94(3):319.

Hirshleifer D, 2001. Investor psychology and asset pricing. Journal of Finance, 56(4):1533–1597.

Hu W, Kercheval A N, 2010. Portfolio optimization for student t and skewed t returns. Quantitative Finance, 10(1):91–105.

Jin H Q, Zhou X Y, 2008. Behavioral portfolio selection in continuous time. Mathematical Finance, 18(3):385.

Kahneman D, Tversky A, 1979. Prospect theory: An analysis of decisions under risk. Econometrica, 47:263–291.

Kahneman D, Tversky A, 2003. Experienced utility and objective happiness: A moment-based approach. The Psychology of Economic Decisions, 1:187–208.

Kaustia M, 2010. Prospect theory and the disposition effect. Journal of Financial and Quantitative Analysis, 45(3):791–812.

Kon S, 1984. Models of stock returns: A comparison. The Journal of Finance, 39(1):147–165.

Koszegi B, Rabin M, 2006. A model of reference-dependent preferences. The Quarterly Journal of Economics, 121(4):1133–1165.

Koszegi B, Rabin M, 2007. Reference-dependent risk attitudes. The American Economic Review, 97(4):1047–1073.

Koszegi B, Rabin M, 2009. Reference-dependent consumption plans. The American Economic Review, 99(3):909–936.

Levy H, De Giorgi E G, Hens T, 2012. Two paradigms and nobel prizes in economics: A contradiction or coexistence? European Financial Management, 18(2):163–182.

Meng J, Weng X, 2018. Can prospect theory explain the disposition effect? a new perspective on reference points. Management Science, 64(7):3331–3351.

Merton R C, 1969. Lifetime portfolio selection under uncertainty: The continuous-time case. Review of Economics and Statistics, 51:247–256.

Odean T, 1998. Are investors reluctant to realize their losses? Journal of Finance, 53:1775–1798.

Pirvu T A, Schulze K, 2012. Multi-stock portfolio optimization under prospect theory. Mathematics and Financial Economics: 1–26.

Samuelson P A, 1969. Lifetime portfolio selection by dynamic stochastic programming. The Review of Economics and Statistics, 51(3):239–246.

Shefrin H, Statman M, 1985. The disposition to sell winners too early and ride losers too long: Theory and evidence. Journal of Finance, 40(3):777–790.

Shi Y, Cui X, Yao J, et al., 2015. Dynamic trading with reference point adaptation and loss aversion. Operations Research, 63(4):789–806.

Shi Y, Cui X, Zhou X Y, 2022. Beta and coskewness pricing: Perspective from probability weighting. Operations Research, forthcoming.

Swann W B, Rentfrow P J, Guinn J S, 2003. Self-verification: The search for coherence. Handbook of Self and Identity: 367–383.

Tesser A, 1988. Toward a self-evaluation maintenance model of social behavior. Advances in Experimental Social Psychology, 21:181–228.

Thaler R H, Johnson E J, 1990. Gambling with the house money and trying to break even: The effects of prior outcomes on risky choice. Management Science, 36(6):643–660.

Tversky A, Kahneman D, 1992. Advances in prospect theory: Cumulative representation of uncertainty. Journal of Risk and Uncertainty, 5:297–323.

Yao J, Li D, 2013. Prospect theory and trading patterns. Journal of Banking & Finance, 37(8):2793–2805.

符 号 表 格

常 见 符 号

符号	描述
$\mathbb{R}^n$	n 维实向量的集合
$\mathbb{R}$	1 维实向量的集合
$\mathbf{1}$	所有元素都是 1 的向量
$\boldsymbol{v}^{\mathrm{T}}$	向量 $\boldsymbol{v}$ 的转置
$\boldsymbol{x}^{\mathrm{T}}\boldsymbol{y}$	向量 $\boldsymbol{x}$ 和向量 $\boldsymbol{y}$ 的内积
1_A	事件 A 的示性函数
$\lvert x \rvert$	x 的绝对值
$\lVert \boldsymbol{x} \rVert_2$	向量 $\boldsymbol{x}$ 的 $\mathcal{L}_2$ 范数
$(\varOmega, \mathcal{F}, \mathcal{F}_t, \mathcal{P})$	概率空间
$\mathcal{F}_t$	时间 t 的由资产价格生成的 σ 代数
$\mathbb{E}(X)$	任意随机变量 X 的期望
$\mathbb{E}_t(X)$	以信息集 $\mathcal{F}_t$ 为条件的条件期望
PT	前景理论
EUT	期望效用理论
CRRA	常相对风险规避
λ	损失厌恶参数

第 1 章的符号

符号	描述
T	终端时间
r_t^f	第 t 期无风险资产的确定性收益率
ρ_t	从 t 时刻到终止时间 T 的时间累积因子
$\boldsymbol{r}_t$	第 t 期 n 个风险资产的 n 维随机总回报向量
$\boldsymbol{e}_t$	第 t 期 n 个风险资产的 n 维随机超额回报向量
$\boldsymbol{u}_t$	n 维决策向量, 其中, u_t^i 是第 t 期投资于第 i 类风险资产上的金额
$\mathrm{EC}_n(\mu, \Sigma; G)$	以 μ, Σ 和 G 为相应的均值向量、协方差矩阵和密度生成函数的椭圆分布
W_t	t 时刻投资者的财富水平
B	(确定性的) 参考水平
λ	损失厌恶参数
λ_t	第 t 期诱导出的损失厌恶测度
α	风险厌恶参数
y_t	当前财富水平与参考水平之差 (新的状态变量)
u_t^*	单个风险资产情况下的第 t 期最优策略
$\boldsymbol{u}_t^*$	n 个风险资产情况下的第 t 期最优策略
$\widehat{K}_t$	单个风险资产情况下当 $y_t > 0$ 时的第 t 期最优系数 (标量)
$\widetilde{K}_t$	单个风险资产情况下当 $y_t < 0$ 时的第 t 期最优系数 (标量)
$\widehat{\boldsymbol{K}_t}$	n 个风险资产情况下当 $y_t > 0$ 时的第 t 期最优系数 (向量)
$\widetilde{\boldsymbol{K}_t}$	n 个风险资产情况下当 $y_t < 0$ 时的第 t 期最优系数 (向量)

第 2 章的符号

符号	描述
T	终端时间
P_t	t 时刻的股票价格
r_t	t 期内的股票回报率
x_t	$t+1$ 期初的股票数量
x_t^0	$t+1$ 期初持有的无风险资产金额
W_t	t 时刻投资者的财富水平
W_t^{rp}	t 时刻的参考水平
λ	损失厌恶参数
a_g	正强化系数
x_t^*	$t+1$ 期初的最优股票持有量
PGR	收益且抛售掉的股票份额
PLR	亏损且抛售掉的股票份额

第 3 章的符号

符号	描述
T	终端时间
ξ_T	状态价格密度
W_T^{CRRA}	CRRA 型投资者的最优终端财富水平
W_T^{PT}	PT 型投资者的最优终端财富水平
θ_T	T 时刻的参考水平
λ	损失厌恶参数
γ	风险厌恶参数
$T_+(\cdot)$	收益部分的概率扭曲函数
α_+	$T_+(\cdot)$ 的扭曲参数
$T_-(\cdot)$	损失部分的概率扭曲函数
α_-	$T_-(\cdot)$ 的扭曲参数
θ_1^*	PT-1 代理人的最优参考水平
θ_2^*	PT-2 代理人的最优参考水平